Travel phrasebooks collection
«Everything Will Be Okay!»

S0-ESG-501

PHRASEBOOK
— GREEK —

THE MOST IMPORTANT PHRASES

This phrasebook contains
the most important
phrases and questions
for basic communication
Everything you need
to survive overseas

By Andrey Taranov

T&p BOOKS

Phrasebook + 1500-word dictionary

English-Greek phrasebook & concise dictionary

By Andrey Taranov

The collection of "Everything Will Be Okay" travel phrasebooks published by T&P Books is designed for people traveling abroad for tourism and business. The phrasebooks contain what matters most - the essentials for basic communication. This is an indispensable set of phrases to "survive" while abroad.

Another section of the book also provides a small dictionary with more than 1,500 useful words arranged alphabetically. The dictionary includes a lot of gastronomic terms and will be helpful when ordering food at a restaurant or buying groceries at the store.

Copyright © 2018 T&P Books Publishing

All rights reserved. No part of this book may be reproduced or utilized in any form or by any means, electronic or mechanical, including photocopying, recording or by information storage and retrieval system, without permission in writing from the publishers.

T&P Books Publishing
www.tpbooks.com

ISBN: 978-1-78492-440-9

This book is also available in E-book formats.
Please visit www.tpbooks.com or the major online bookstores.

FOREWORD

The collection of "Everything Will Be Okay" travel phrasebooks published by T&P Books is designed for people traveling abroad for tourism and business. The phrasebooks contain what matters most - the essentials for basic communication. This is an indispensable set of phrases to "survive" while abroad.

This phrasebook will help you in most cases where you need to ask something, get directions, find out how much something costs, etc. It can also resolve difficult communication situations where gestures just won't help.

This book contains a lot of phrases that have been grouped according to the most relevant topics. A separate section of the book also provides a small dictionary with more than 1,500 important and useful words.

Take "Everything Will Be Okay" phrasebook with you on the road and you'll have an irreplaceable traveling companion who will help you find your way out of any situation and teach you to not fear speaking with foreigners.

TABLE OF CONTENTS

Pronunciation 5
List of abbreviations 6
English-Greek phrasebook 7
Concise Dictionary 73

T&P Books Publishing

PRONUNCIATION

T&P phonetic alphabet	Greek example	English example
[a]	αγαπάω [aγapáo]	shorter than in ask
[e]	έπαινος [épenos]	elm, medal
[i]	φυσικός [fisikós]	shorter than in feet
[o]	οθόνη [oθóni]	pod, John
[u]	βουτάω [vutáo]	book
[b]	καμπάνα [kabána]	baby, book
[d]	ντετέκτιβ [detéktiv]	day, doctor
[f]	ράμφος [rámfos]	face, food
[g]	γκολφ [golᶦf]	game, gold
[ɣ]	γραβάτα [ɣraváta]	between [g] and [h]
[j]	μπάιτ [bájt]	yes, New York
[ʝ]	Αίγυπτος [éʝiptos]	yes, New York
[k]	ακόντιο [akóndio]	clock, kiss
[lʲ]	αλάτι [alʲáti]	daily, million
[m]	μάγος [máɣos]	magic, milk
[n]	ασανσέρ [asansér]	name, normal
[p]	βλέπω [vlépo]	pencil, private
[r]	ρόμβος [rómvos]	rice, radio
[s]	σαλάτα [salʲáta]	city, boss
[ð]	πόδι [póði]	weather, together
[θ]	λάθος [lʲáθos]	month, tooth
[t]	κινητό [kinitó]	tourist, trip
[tʃ]	check-in [tʃek-in]	church, French
[v]	βραχιόλι [vraxióli]	very, river
[x]	νύχτα [níxta]	as in Scots 'loch'
[w]	ουίσκι [wíski]	vase, winter
[z]	κουζίνα [kuzína]	zebra, please
[ˈ]	έξι [éksi]	primary stress

LIST OF ABBREVIATIONS

English abbreviations

ab.	-	about
adj	-	adjective
adv	-	adverb
anim.	-	animate
as adj	-	attributive noun used as adjective
e.g.	-	for example
etc.	-	et cetera
fam.	-	familiar
fem.	-	feminine
form.	-	formal
inanim.	-	inanimate
masc.	-	masculine
math	-	mathematics
mil.	-	military
n	-	noun
pl	-	plural
pron.	-	pronoun
sb	-	somebody
sing.	-	singular
sth	-	something
v aux	-	auxiliary verb
vi	-	intransitive verb
vi, vt	-	intransitive, transitive verb
vt	-	transitive verb

Greek abbreviations

αρ.	-	masculine noun
αρ.πλ.	-	masculine plural
αρ./θηλ.	-	masculine, feminine
θηλ.	-	feminine noun
θηλ.πλ.	-	feminine plural
ουδ.	-	neuter
ουδ.πλ.	-	neuter plural
πλ.	-	plural

T&P BOOKS

GREEK PHRASEBOOK

This section contains important phrases that may come in handy in various real-life situations.
The phrasebook will help you ask for directions, clarify a price, buy tickets, and order food at a restaurant

T&P Books Publishing

PHRASEBOOK CONTENTS

The bare minimum	10
Questions	13
Needs	14
Asking for directions	16
Signs	18
Transportation. General phrases	20
Buying tickets	22
Bus	24
Train	26
On the train. Dialogue (No ticket)	28
Taxi	29
Hotel	31
Restaurant	34
Shopping	36
In town	38
Money	40

Time	42
Greetings. Introductions	44
Farewells	46
Foreign language	48
Apologies	50
Agreement	51
Refusal. Expressing doubt	52
Expressing gratitude	54
Congratulations. Best wishes	55
Socializing	56
Sharing impressions. Emotions	59
Problems. Accidents	61
Health problems	64
At the pharmacy	67
The bare minimum	69

T&P Books Publishing

The bare minimum

Excuse me, …	**Συγνώμη, …** [siɣnómi, …]
Hello.	**Γεια σας.** [ja sas]
Thank you.	**Ευχαριστώ.** [efxaristó]
Good bye.	**Αντίο.** [adío]
Yes.	**Ναι.** [ne]
No.	**Όχι.** [óxi]
I don't know.	**Δεν ξέρω.** [ðen kséro]
Where? | Where to? | When?	**Πού; | Προς τα πού; | Πότε;** [pú? | pros ta pú? | póte?]
I need …	**Χρειάζομαι …** [xriázome …]
I want …	**Θέλω …** [θélʲo …]
Do you have …?	**Έχετε …;** [éxete …?]
Is there a … here?	**Μήπως υπάρχει … εδώ;** [mípos ipárxi … eðó?]
May I …?	**Θα μπορούσα να …;** [θa borúsa na …?]
…, please (polite request)	**…, παρακαλώ** […, parakalʲó]
I'm looking for …	**Ψάχνω για …** [psáxno ja …]
the restroom	**τουαλέτα** [tualéta]
an ATM	**ATM** [eitiém]
a pharmacy (drugstore)	**φαρμακείο** [farmakío]
a hospital	**νοσοκομείο** [nosokomío]
the police station	**αστυνομικό τμήμα** [astinomikó tmíma]
the subway	**μετρό** [metró]

a taxi	**ταξί** [taksí]
the train station	**σιδηροδρομικό σταθμό** [siðiroðromikó staθmó]
My name is ...	**Ονομάζομαι ...** [onomázome ...]
What's your name?	**Πώς ονομάζεστε;** [pós onomázeste?]
Could you please help me?	**Μπορείτε παρακαλώ να με βοηθήσετε;** [boríte parakalʲó na me voiθísete?]
I've got a problem.	**Έχω ένα πρόβλημα.** [éxo éna próvlima]
I don't feel well.	**Δεν αισθάνομαι καλά.** [ðen esθánome kalʲá]
Call an ambulance!	**Καλέστε ένα ασθενοφόρο!** [kaléste éna asθenofóro!]
May I make a call?	**Θα μπορούσα να κάνω ένα τηλέφωνο;** [θa borúsa na káno éna tiléfono?]
I'm sorry.	**Συγνώμη.** [siɣnómi]
You're welcome.	**Παρακαλώ!** [parakalʲó!]
I, me	**Εγώ, εμένα** [eɣó, eména]
you (inform.)	**εσύ** [esí]
he	**αυτός** [aftós]
she	**αυτή** [aftí]
they (masc.)	**αυτοί** [aftí]
they (fem.)	**αυτές** [aftés]
we	**εμείς** [emís]
you (pl)	**εσείς** [esís]
you (sg, form.)	**εσείς** [esís]
ENTRANCE	**ΕΙΣΟΔΟΣ** [ísoðos]
EXIT	**ΕΞΟΔΟΣ** [éksoðos]

OUT OF ORDER	**ΕΚΤΟΣ ΛΕΙΤΟΥΡΓΙΑΣ** [éktos liturʝías]
CLOSED	**ΚΛΕΙΣΤΟ** [klísto]
OPEN	**ΑΝΟΙΚΤΟ** [aníkto]
FOR WOMEN	**ΓΥΝΑΙΚΩΝ** [ʝinekón]
FOR MEN	**ΑΝΔΡΩΝ** [ánðron]

Questions

Where?	**Πού;** [pú?]
Where to?	**Προς τα πού;** [pros ta pú?]
Where from?	**Από πού;** [apó pú?]
Why?	**Γιατί;** [ʝatí?]
For what reason?	**Για ποιο λόγο;** [ʝa pio lʲóɣo?]
When?	**Πότε;** [póte?]

How long?	**Πόσο χρόνο χρειάζεται;** [póso xróno xriázete?]
At what time?	**Τι ώρα;** [tí óra?]
How much?	**Πόσο κάνει;** [póso káni?]
Do you have ...?	**Μήπως έχετε ...;** [mípos éxete ...?]
Where is ...?	**Πού είναι ...;** [pú íne ...?]

What time is it?	**Τι ώρα είναι;** [ti óra íne?]
May I make a call?	**Θα μπορούσα να κάνω ένα τηλέφωνο;** [θa borúsa na káno éna tiléfono?]
Who's there?	**Ποιος είναι;** [pios íne?]
Can I smoke here?	**Μπορώ να καπνίσω εδώ;** [boró na kapníso eðó?]
May I ...?	**Θα μπορούσα να ...;** [θa borúsa na ...?]

Needs

I'd like ...	**Θα ήθελα ...** [θa íθelʲa ...]
I don't want ...	**Δεν θέλω ...** [ðen θélʲo ...]
I'm thirsty.	**Διψάω.** [ðipsáo]
I want to sleep.	**Θέλω να κοιμηθώ.** [θélʲo na kemiθó]

I want ...	**Θέλω ...** [θélʲo ...]
to wash up	**να πλυθώ** [na pliθó]
to brush my teeth	**να πλύνω τα δόντια μου** [na plíno ta ðóndia mu]
to rest a while	**να ξεκουραστώ λίγο** [na ksekurastó líɣo]
to change my clothes	**να αλλάξω ρούχα** [na alʲákso rúxa]

to go back to the hotel	**να επιστρέψω στο ξενοδοχείο** [na epistrépso sto ksenoðoxío]
to buy ...	**να αγοράσω ...** [na aɣoráso ...]
to go to ...	**να πάω στο ...** [na páo sto ...]
to visit ...	**να επισκεφτώ ...** [na episkeftó ...]
to meet with ...	**να συναντηθώ με ...** [na sinandiθó me ...]
to make a call	**να τηλεφωνήσω** [na tilefoníso]

I'm tired.	**Είμαι κουρασμένος /κουρασμένη/.** [íme kurazménos /kurazméni/]
We are tired.	**Είμαστε κουρασμένοι.** [ímaste kurazméni]
I'm cold.	**Κρυώνω.** [krióno]
I'm hot.	**Ζεσταίνομαι.** [zesténome]
I'm OK.	**Είμαι καλά.** [íme kalʲá]

I need to make a call.	**Πρέπει να κάνω ένα τηλέφωνο.** [prépi na káno éna tiléfono]
I need to go to the restroom.	**Πρέπει να πάω στην τουαλέτα.** [prépi na páo sten tualéta]
I have to go.	**Πρέπει να φύγω.** [prépi na fíɣo]
I have to go now.	**Πρέπει να φύγω τώρα.** [prépi na fíɣo tóra]

Asking for directions

Excuse me, ...	**Συγνώμη, ...** [siɣnómi, ...]
Where is ...?	**Πού είναι ...;** [pú íne ...?]
Which way is ...?	**Από ποιο δρόμο είναι ...;** [apó pio ðrómo íne ...?]
Could you help me, please?	**Θα μπορούσατε να με βοηθήσετε παρακαλώ;** [θa borúsate na me voiθísete parakalʲó?]
I'm looking for ...	**Ψάχνω για ...** [psáxno ʝa ...]
I'm looking for the exit.	**Ψάχνω για την έξοδο.** [psáxno ʝa tin éksoðo]
I'm going to ...	**Πηγαίνω στ ...** [piʝéno st ...]
Am I going the right way to ...?	**Πηγαίνω σωστά από εδώ για ...;** [piʝéno sostá apó eðó ʝa ...?]
Is it far?	**Είναι μακριά από εδώ;** [íne makriá apó eðó?]
Can I get there on foot?	**Μπορώ να πάω εκεί με τα πόδια;** [boró na páo ekí me ta póðia?]
Can you show me on the map?	**Μπορείτε να μου δείξετε στο χάρτη;** [boríte na mu ðíksete sto xárti?]
Show me where we are right now.	**Δείξετε μου που βρισκόμαστε αυτή τη στιγμή.** [ðíksete mu pu vriskómaste aftí ti stiɣmí]
Here	**Εδώ** [eðó]
There	**Εκεί** [ekí]
This way	**Από εδώ** [apó eðó]
Turn right.	**Στρίψτε δεξιά.** [strípste ðeksiá]
Turn left.	**Στρίψτε αριστερά.** [strípste aristerá]
first (second, third) turn	**πρώτος (δεύτερος, τρίτος) δρόμος** [prótos (ðéfteros, trítos) ðrómos]

to the right	**δεξιά** [ðeksiá]
to the left	**αριστερά** [aristerá]
Go straight ahead.	**Πηγαίνετε όλο ευθεία.** [pij̥énete ólʲo efθía]

Signs

WELCOME!	**ΚΑΛΩΣ ΗΡΘΑΤΕ!** [kalʲós ípθate!]
ENTRANCE	**ΕΙΣΟΔΟΣ** [ísoðos]
EXIT	**ΕΞΟΔΟΣ** [éksoðos]
PUSH	**ΩΘΗΣΑΤΕ** [oθísate]
PULL	**ΕΛΞΑΤΕ** [élʲksate]
OPEN	**ΑΝΟΙΚΤΟ** [aníkto]
CLOSED	**ΚΛΕΙΣΤΟ** [klísto]
FOR WOMEN	**ΓΥΝΑΙΚΩΝ** [jinekón]
FOR MEN	**ΑΝΔΡΩΝ** [ánðron]
GENTLEMEN, GENTS	**ΚΥΡΙΟΙ** [kíri]
WOMEN	**ΚΥΡΙΕΣ** [kíries]
DISCOUNTS	**ΕΚΠΤΩΣΕΙΣ** [ekptósis]
SALE	**ΞΕΠΟΥΛΗΜΑ** [ksepúlima]
FREE	**ΔΩΡΕΑΝ** [ðoreán]
NEW!	**ΝΕΟ!** [néo!]
ATTENTION!	**ΠΡΟΣΟΧΗ!** [prosoxí!]
NO VACANCIES	**ΔΕΝ ΥΠΑΡΧΟΥΝ ΚΕΝΑ ΔΩΜΑΤΙΑ** [ðen ipárxun kená ðomátia]
RESERVED	**ΡΕΖΕΡΒΕ** [rezervé]
ADMINISTRATION	**ΔΙΕΥΘΥΝΤΗΣ** [ðiéfθindis]
STAFF ONLY	**ΜΟΝΟ ΓΙΑ ΤΟ ΠΡΟΣΩΠΙΚΟ** [móno ja to prosópiko]

BEWARE OF THE DOG!	**ΠΡΟΣΟΧΗ ΣΚΥΛΟΣ** [prosoxí skílʲos]
NO SMOKING!	**ΑΠΑΓΟΡΕΥΕΤΑΙ ΤΟ ΚΑΠΝΙΣΜΑ** [apaɣorévete to kápnizma]
DO NOT TOUCH!	**ΜΗΝ ΑΓΓΙΖΕΤΕ!** [min angízete!]
DANGEROUS	**ΕΠΙΚΙΝΔΥΝΟ** [epikínðino]
DANGER	**ΚΙΝΔΥΝΟΣ** [kínðinos]
HIGH VOLTAGE	**ΥΨΗΛΗ ΤΑΣΗ** [ípseli tási]
NO SWIMMING!	**ΑΠΑΓΟΡΕΥΕΤΑΙ ΤΟ ΚΟΛΥΜΠΙ** [apaɣorévete to kolíbi]
OUT OF ORDER	**ΕΚΤΟΣ ΛΕΙΤΟΥΡΓΙΑΣ** [éktos liturʝías]
FLAMMABLE	**ΕΥΦΛΕΚΤΟ** [éflekto]
FORBIDDEN	**ΑΠΑΓΟΡΕΥΕΤΑΙ** [apaɣorévete]
NO TRESPASSING!	**ΑΠΑΓΟΡΕΥΕΤΑΙ Η ΕΙΣΟΔΟΣ** [apaɣorévete i ísoðos]
WET PAINT	**ΦΡΕΣΚΟΒΑΜΜΕΝΟ** [frésko vaméno]
CLOSED FOR RENOVATIONS	**ΚΛΕΙΣΤΟ ΛΟΓΩ ΕΡΓΑΣΙΩΝ** [klísto lʲóɣo erɣásion]
WORKS AHEAD	**ΕΡΓΑ ΕΝ ΟΨΕΙ** [érɣa en ópsi]
DETOUR	**ΠΑΡΑΚΑΜΨΗ** [parákampsi]

Transportation. General phrases

plane	**αεροπλάνο** [aeroplʲáno]
train	**τρένο** [tréno]
bus	**λεωφορείο** [leoforío]
ferry	**φέρι μποτ** [féri bot]
taxi	**ταξί** [taksí]
car	**αυτοκίνητο** [aftokínito]
schedule	**δρομολόγιο** [ðromolʲójo]
Where can I see the schedule?	**Πού μπορώ να δω το δρομολόγιο;** [pú boró na ðo to ðromolʲójo?]
workdays (weekdays)	**εργάσιμες ημέρες** [erɣásimes iméres]
weekends	**Σαββατοκύριακα** [savatokíriaka]
holidays	**διακοπές** [ðiakopés]
DEPARTURE	**ΑΝΑΧΩΡΗΣΗ** [anaxórisi]
ARRIVAL	**ΑΦΙΞΗ** [áfiksi]
DELAYED	**ΚΑΘΥΣΤΕΡΗΣΗ** [kaθistérisi]
CANCELLED	**ΑΚΥΡΩΣΗ** [akírosi]
next (train, etc.)	**επόμενο** [epómeno]
first	**πρώτο** [próto]
last	**τελευταίο** [teleftéo]
When is the next ...?	**Πότε είναι το επόμενο ...;** [póte íne to epómeno ...?]
When is the first ...?	**Πότε είναι το πρώτο ...;** [póte íne to próto ...?]

When is the last ...?	**Πότε είναι το τελευταίο ...;** [póte íne to teleftéo ...?]
transfer (change of trains, etc.)	**ανταπόκριση** [andapókrisi]
to make a transfer	**αλλάζω** [alʲázo]
Do I need to make a transfer?	**χρειάζεται να αλλάζω;** [xriázete na alʲázo?]

Buying tickets

Where can I buy tickets?	**Πού μπορώ να αγοράσω εισιτήριο;** [pú boró na aɣoráso isitírio?]
ticket	**εισιτήριο** [isitírio]
to buy a ticket	**αγοράζω εισιτήριο** [aɣorázo isitírio]
ticket price	**τιμή εισιτηρίου** [timí isitiríu]

Where to?	**Για πού;** [ja pú?]
To what station?	**Σε ποια στάση;** [se pia stási?]
I need ...	**Χρειάζομαι ...** [xriázome ...]
one ticket	**ένα εισιτήριο** [éna isitírio]
two tickets	**δύο εισιτήρια** [ðío isitíria]
three tickets	**τρία εισιτήρια** [tría isitíria]

one-way	**απλή μετάβαση** [aplí metávasi]
round-trip	**μετ' επιστροφής** [met epistrofís]
first class	**πρώτη θέση** [próti θési]
second class	**δεύτερη θέση** [ðéfteri θési]

today	**σήμερα** [símera]
tomorrow	**αύριο** [ávrio]
the day after tomorrow	**μεθαύριο** [meθávrio]
in the morning	**το πρωί** [to proí]
in the afternoon	**το απόγευμα** [to apójevma]
in the evening	**το βράδυ** [to vráði]

aisle seat	**θέση δίπλα στον διάδρομο** [θési ðíplʲa ston ðiáðromo]
window seat	**θέση δίπλα στο παράθυρο** [θési ðíplʲa sto paráθiro]
How much?	**Πόσο κάνει;** [póso káni?]
Can I pay by credit card?	**Μπορώ να πληρώσω με πιστωτική κάρτα;** [boró na pliróso me pistotikí kárta?]

Bus

bus	**λεωφορείο** [leoforío]
intercity bus	**υπεραστικό λεωφορείο** [iperastikó leoforío]
bus stop	**στάση λεωφορείου** [stási leoforíu]
Where's the nearest bus stop?	**Πού είναι η πιο κοντινή στάση λεωφορείου;** [pú íne i pio kondiní stási leoforíu?]
number (bus ~, etc.)	**αριθμός** [ariθmós]
Which bus do I take to get to ...?	**Ποιο λεωφορείο πρέπει να πάρω για να πάω ...;** [pio leoforío prépi na páro ja na páo ...?]
Does this bus go to ...?	**Πάει αυτό το λεωφορείο στ ...;** [pái aftó to leoforío st ...?]
How frequent are the buses?	**Κάθε πότε έχει λεωφορείο;** [káθe póte éxi leoforío?]
every 15 minutes	**κάθε 15 λεπτά** [káθe ðekapénde leptá]
every half hour	**κάθε μισή ώρα** [káθe misí óra]
every hour	**κάθε μία ώρα** [káθe mía óra]
several times a day	**αρκετές φορές την μέρα** [arketés forés tin méra]
... times a day	**... φορές την μέρα** [... forés tin méra]
schedule	**δρομολόγιο** [ðromolʲójo]
Where can I see the schedule?	**Πού μπορώ να δω το δρομολόγιο;** [pú boró na ðo to ðromolʲójo?]
When is the next bus?	**Πότε είναι το επόμενο λεωφορείο;** [póte íne to epómeno leoforío?]
When is the first bus?	**Πότε είναι το πρώτο λεωφορείο;** [póte íne to próto leoforío?]
When is the last bus?	**Πότε είναι το τελευταίο λεωφορείο;** [póte íne to teleftéo leoforío?]

stop	**στάση** [stási]
next stop	**η επόμενη στάση** [i epómeni stási]
last stop (terminus)	**η τελευταία στάση** [i teleftéa stási]
Stop here, please.	**Σταματήστε εδώ, παρακαλώ.** [stamatíste eðó, parakaló]
Excuse me, this is my stop.	**Συγνώμη, εδώ κατεβαίνω.** [siɣnómi, eðó katevéno]

Train

train	**τρένο** [tréno]
suburban train	**ηλεκτροκίνητο τρένο** [ilektrokínito tréno]
long-distance train	**τρένο για διαδρομές μεγάλων αποστάσεων** [tréno j̯a ðiaðromés meɣálʲon apostáseon]
train station	**σταθμός τρένου** [staθmós trénu]
Excuse me, where is the exit to the platform?	**Συγνώμη, που είναι η έξοδος για την πλατφόρμα επιβίβασης;** [siɣnómi, pu íne i éksoðos j̯a tin plʲatfórma epivívasis?]
Does this train go to ...?	**Πηγαίνει αυτό το τρένο στ ...;** [pij̯éni aftó to tréno st ...?]
next train	**επόμενο τρένο** [epómeno tréno]
When is the next train?	**Πότε είναι το επόμενο τρένο;** [póte íne to epómeno tréno?]
Where can I see the schedule?	**Πού μπορώ να δω το δρομολόγιο;** [pú boró na ðo to ðromolʲój̯o?]
From which platform?	**Από ποια πλατφόρμα;** [apó pia plʲatfórma?]
When does the train arrive in ...?	**Πότε φθάνει το τραίνο στο ...;** [póte fθáni to tréno sto ...?]
Please help me.	**Παρακαλώ βοηθήστε με.** [parakalʲó voiθíste me]
I'm looking for my seat.	**Ψάχνω τη θέση μου.** [psáxno ti θési mu]
We're looking for our seats.	**Ψάχνουμε τις θέσεις μας.** [psáxnume tis θésis mas]
My seat is taken.	**Η θέση μου είναι πιασμένη.** [i θési mu íne piazméni]
Our seats are taken.	**Οι θέσεις μας είναι πιασμένες.** [i θésis mas íne piazménes]
I'm sorry but this is my seat.	**Συγνώμη αλλά αυτή είναι η θέση μου.** [siɣnómi alʲá aftí íne i θési mu]

Is this seat taken?	**Είναι αυτή η θέση πιασμένη;** [íne afté i θési piazméni?]
May I sit here?	**Θα μπορούσα να κάτσω εδώ;** [θa borúsa na kátso eðó?]

On the train. Dialogue (No ticket)

Ticket, please.	**Το εισιτήριό σας, παρακαλώ.** [to isitírió sas, parakalʲó]
I don't have a ticket.	**Δεν έχω εισιτήριο.** [ðen éxo isitírio]
I lost my ticket.	**Έχασα το εισιτήριο μου.** [éxasa to isitírio mu]
I forgot my ticket at home.	**Ξέχασα το εισιτήριό μου στο σπίτι.** [ksexasa to isitírió mu sto spíti]
You can buy a ticket from me.	**Μπορώ εγώ να σας εκδώσω εισιτήριο.** [boró eɣó na sas ekðóso isitírio]
You will also have to pay a fine.	**Πρέπει να πληρώσετε και πρόστιμο.** [prépi na plirósete ke próstimo]
Okay.	**Εντάξει.** [endáksi]
Where are you going?	**Πού πάτε;** [pú páte?]
I'm going to ...	**Πηγαίνω στ ...** [pijéno st ...]
How much? I don't understand.	**Πόσο κάνει; Δεν καταλαβαίνω.** [póso káni? ðen katalʲavéno]
Write it down, please.	**Γράψτε το παρακαλώ.** [ɣrápste to parakalʲó]
Okay. Can I pay with a credit card?	**Εντάξει. Μπορώ να πληρώσω με πιστωτική κάρτα;** [endáksi. boró na pliróso me pistotikí kárta?]
Yes, you can.	**Ναι μπορείτε.** [ne boríte]
Here's your receipt.	**Ορίστε η απόδειξή σας.** [oríste i apóðiksí sas]
Sorry about the fine.	**Συγνώμη για το πρόστιμο.** [siɣnómi ja to próstimo]
That's okay. It was my fault.	**Είναι εντάξει. Ήταν δικό μου λάθος.** [íne endáksi. ítan ðikó mu lʲáθos]
Enjoy your trip.	**Καλό ταξίδι.** [kalʲó taksíði]

Taxi

taxi	ταξί [taksí]
taxi driver	οδηγός ταξί [oðiɣós taksí]
to catch a taxi	να πάρω ένα ταξί [na páro éna taksí]
taxi stand	πιάτσα ταξί [piátsa taksí]
Where can I get a taxi?	Πού μπορώ να βρω ένα ταξί; [pú boró na vro éna taksí?]
to call a taxi	καλώ ένα ταξί [kalʲó éna taksí]
I need a taxi.	χρειάζομαι ένα ταξί. [xriázome éna taksí]
Right now.	Τώρα. [tóra]
What is your address (location)?	Ποια είναι η διεύθυνσή σας; [pia íne i ðiéfθinsí sas?]
My address is ...	Η διεύθυνσή μου είναι ... [i ðiéfθinsi mu íne ...]
Your destination?	Πού πηγαίνετε; [pú pijénete?]
Excuse me, ...	Συγνώμη, ... [siɣnómi, ...]
Are you available?	Είστε ελεύθερος; [íste eléfθeros?]
How much is it to get to ...?	Πόσο κοστίζει να πάω μέχρι ...; [póso kostízi na páo méxri ...?]
Do you know where it is?	Ξέρετε που είναι; [ksérete pu íne?]
Airport, please.	Στο αεροδρόμιο, παρακαλώ. [sto aeroðrómio, parakalʲó]
Stop here, please.	Σταματήστε εδώ, παρακαλώ. [stamatíste eðó, parakalʲó]
It's not here.	Δεν είναι εδώ. [ðen íne eðó]
This is the wrong address.	Αυτή είναι λάθος διεύθυνση. [aftí íne lʲáθos ðiéfθinsi]
Turn left.	Στρίψτε αριστερά. [strípste aristerá]
Turn right.	Στρίψτε δεξιά. [strípste ðeksiá]

How much do I owe you?	**Τι σας οφείλω;** [ti sas ofílʲo?]
I'd like a receipt, please.	**Θα ήθελα παρακαλώ μία απόδειξη.** [θa íθelʲa parakalʲó mía apóðiksi]
Keep the change.	**Κρατήστε τα ρέστα.** [kratíste ta résta]

Would you please wait for me?	**Μπορείτε παρακαλώ να με περιμένετε;** [boríte parakalʲó na me periménete?]
five minutes	**πέντε λεπτά** [pénde leptá]
ten minutes	**δέκα λεπτά** [ðéka leptá]
fifteen minutes	**δεκαπέντε λεπτά** [ðekapénde leptá]
twenty minutes	**είκοσι λεπτά** [íkosi leptá]
half an hour	**μισή ώρα** [misí óra]

Hotel

Hello.	**Γεια σας.** [ʝa sas]
My name is ...	**Ονομάζομαι ...** [onomázome ...]
I have a reservation.	**Έχω κάνει μια κράτηση.** [éxo káni mia krátisi]
I need ...	**Χρειάζομαι ...** [xriázome ...]
a single room	**ένα μονόκλινο δωμάτιο** [éna monóklino ðomátio]
a double room	**ένα δίκλινο δωμάτιο** [éna ðíklino ðomátio]
How much is that?	**Πόσο κοστίζει;** [póso kostízi?]
That's a bit expensive.	**Είναι λίγο ακριβό.** [íne líɣo akrivó]
Do you have anything else?	**Έχετε κάτι άλλο διαθέσιμο;** [éxete káti álʲo ðiaθésimo?]
I'll take it.	**Θα το κλείσω.** [θa to klíso]
I'll pay in cash.	**Θα πληρώσω μετρητά.** [θa pliróso metritá]
I've got a problem.	**Έχω ένα πρόβλημα.** [éxo éna próvlima]
My ... is broken.	**Το ... μου είναι σπασμένο.** [to ... mu íne spazméno]
My ... is out of order.	**Το ... μου δεν λειτουργεί.** [to ... mu ðen liturʝí]
TV	**τηλεόραση** [tileórasi]
air conditioner	**κλιματισμός** [klimatizmós]
tap	**βρύση** [vrísi]
shower	**ντους** [dus]
sink	**νιπτήρας** [niptíras]
safe	**χρηματοκιβώτιο** [xrimatokivótio]

T&P Books. English-Greek phrasebook & concise dictionary

door lock	κλειδαριά [kliðariá]
electrical outlet	πρίζα [príza]
hairdryer	σεσουάρ μαλλιών [sesuár malión]

I don't have ...	Δεν έχω καθόλου ... [ðen éxo kaθól^ju ...]
water	νερό [neró]
light	φως [fos]
electricity	ηλεκτρικό ρεύμα [ilektrikó révma]

Can you give me ...?	Μπορείτε να μου δώσετε ...; [boríte na mu ðósete ...?]
a towel	μια πετσέτα [mia petséta]
a blanket	μια κουβέρτα [mia kuvérta]
slippers	παντόφλες [pandófles]
a robe	μία ρόμπα [mía róba]
shampoo	σαμπουάν [sambuán]
soap	σαπούνι [sapúni]

I'd like to change rooms.	Θα ήθελα να αλλάξω δωμάτιο. [θa íθel^ja na al^jákso ðomátio]
I can't find my key.	Δεν βρίσκω το κλειδί μου. [ðen vrísko to kliðí mu]
Could you open my room, please?	Θα μπορούσατε παρακαλώ να ανοίξετε το δωμάτιό μου; [θa borúsate parakal^jó na aníksete to ðomátió mu?]
Who's there?	Ποιος είναι; [pios íne?]
Come in!	Περάστε! [peráste!]
Just a minute!	Μια στιγμή! [mia stiɣmí!]

Not right now, please.	Όχι τώρα, παρακαλώ. [óxi tóra, parakal^jó]
Come to my room, please.	Παρακαλώ, μπείτε στο δωμάτιό μου. [parakal^jó, bíte sto ðomátió mu]

I'd like to order food service.	**Θα ήθελα να παραγγείλω φαγητό στο δωμάτιο.** [θa íθelʲa na parangílʲo fajitó sto ðomátio]
My room number is ...	**Ο αριθμός δωματίου μου είναι ...** [o ariθmós ðomatíu mu íne ...]

I'm leaving ...	**Φεύγω ...** [févɣo ...]
We're leaving ...	**Φεύγουμε ...** [févɣume ...]
right now	**τώρα** [tóra]
this afternoon	**σήμερα το απόγευμα** [símera to apójevma]
tonight	**απόψε** [apópse]
tomorrow	**αύριο** [ávrio]
tomorrow morning	**αύριο το πρωί** [ávrio to proí]
tomorrow evening	**αύριο βράδυ** [ávrio vráði]
the day after tomorrow	**μεθαύριο** [meθávrio]

I'd like to pay.	**Θα ήθελα να πληρώσω.** [θa íθelʲa na pliróso]
Everything was wonderful.	**Όλα ήταν υπέροχα.** [ólʲa ítan ipéroxa]
Where can I get a taxi?	**Πού μπορώ να πάρω ένα ταξί;** [pú boró na páro éna taksí?]
Would you call a taxi for me, please?	**Μπορείτε παρακαλώ να καλέσετε ένα ταξί για μένα;** [boríte parakalʲó na kalésete éna taksí ja ména?]

Restaurant

Can I look at the menu, please?	**Μπορώ να έχω έναν κατάλογο παρακαλώ;** [boró na éxo énan katálʲoγo parakalʲó?]
Table for one.	**Τραπέζι για ένα άτομο.** [trapézi ʝa éna átomo]
There are two (three, four) of us.	**Είμαστε δύο (τρία, τέσσερα) άτομα.** [ímaste ðío (tría, tésera) átoma]

Smoking	**Επιτρέπεται Κάπνισμα** [epitrépete kápnizma]
No smoking	**Απαγορεύεται το κάπνισμα** [apaγorévete to kápnizma]
Excuse me! (addressing a waiter)	**Συγνώμη!** [siγnómi!]
menu	**κατάλογος φαγητού** [katálʲoγos faʝitú]
wine list	**κατάλογος κρασιών** [katálʲoγos krasión]
The menu, please.	**Τον κατάλογο, παρακαλώ.** [ton katálʲoγo, parakalʲó]
Are you ready to order?	**Είστε έτοιμος να παραγγείλετε;** [íste étimos na parangílete?]
What will you have?	**Τι θα πάρετε;** [ti θa párete?]
I'll have …	**Θα πάρω …** [θa páro …]

I'm a vegetarian.	**Είμαι χορτοφάγος.** [íme xortofáγos]
meat	**κρέας** [kréas]
fish	**ψάρι** [psári]
vegetables	**λαχανικά** [lʲaxaniká]
Do you have vegetarian dishes?	**Έχετε πιάτα για χορτοφάγους;** [éxete piáta ʝa xortofágus?]
I don't eat pork.	**Δεν τρώω χοιρινό.** [ðen tróo xirinó]
Band-Aid	**Αυτός /αυτή/ δεν τρώει κρέας.** [aftós /aftí/ ðen trói kréas]
I am allergic to …	**Είμαι αλλεργικός στο …** [íme alerʝikós sto …]

Would you please bring me ...	**Μπορείτε παρακαλώ να μου φέρετε ...** [boríte parakalʲó na mu férete ...]
salt | pepper | sugar	**αλάτι | πιπέρι | ζάχαρη** [alʲáti | pipéri | záxari]
coffee | tea | dessert	**καφέ | τσάι | επιδόρπιο** [kafé | tsái | epiðórpio]
water | sparkling | plain	**νερό | ανθρακούχο | φυσικό μεταλλικό** [neró | anθrakúxo | fisikó metalikó]
a spoon | fork | knife	**ένα κουτάλι | πιρούνι | μαχαίρι** [éna kutáli | pirúni | maxéri]
a plate | napkin	**ένα πιάτο | πετσέτα** [éna piáto | petséta]
Enjoy your meal!	**Καλή όρεξη!** [kalí óreksi!]
One more, please.	**Ένα ακόμα, παρακαλώ.** [éna akóma, parakalʲó]
It was very delicious.	**Ήταν πολύ νόστιμο.** [ítan polí nóstimo]
check | change | tip	**λογαριασμός | ρέστα | πουρμπουάρ** [lʲoɣariazmós | résta | purbuár]
Check, please. (Could I have the check, please?)	**Τον λογαριασμό, παρακαλώ.** [ton lʲoɣariazmó, parakalʲó]
Can I pay by credit card?	**Μπορώ να πληρώσω με πιστωτική κάρτα;** [boró na pliróso me pistotikí kárta?]
I'm sorry, there's a mistake here.	**Συγνώμη, εδώ υπάρχει ένα λάθος.** [siɣnómi, eðó ipárxi éna lʲáθos]

Shopping

Can I help you?	**Τι θα θέλατε παρακαλώ;** [ti θa θélʲate parakalʲó?]
Do you have ...?	**Έχετε ...;** [éxete ...?]
I'm looking for ...	**Ψάχνω για ...** [psáxno ja ...]
I need ...	**Χρειάζομαι ...** [xriázome ...]
I'm just looking.	**Ρίχνω απλώς μία ματιά.** [ríxno aplʲós mía matiá]
We're just looking.	**Ρίχνουμε απλώς μία ματιά.** [ríxnume aplʲós mía matiá]
I'll come back later.	**Θα ξαναέρθω αργότερα.** [θa ksanaérθo aryótera]
We'll come back later.	**Θα ξαναέρθουμε αργότερα.** [θa ksanaérθume aryótera]
discounts | sale	**εκπτώσεις | πώληση με προσφορά** [ekptósis | pólisi me prosforá]
Would you please show me ...	**Μπορείτε παρακαλώ να μου δείξετε ...** [boríte parakalʲó na mu ðíksete ...]
Would you please give me ...	**Μπορείτε παρακαλώ να μου δώσετε ...** [boríte parakalʲó na mu ðósete ...]
Can I try it on?	**Μπορώ να το δοκιμάσω;** [boró na to ðokimáso?]
Excuse me, where's the fitting room?	**Συγνώμη, που είναι το δοκιμαστήριο;** [siynómi, pu íne to ðokimastírio?]
Which color would you like?	**Ποιο χρώμα θα θέλατε;** [pio xróma θa θélʲate?]
size | length	**μέγεθος | νούμερο** [méjeθos | número]
How does it fit?	**Μου πάει;** [mu pái?]
How much is it?	**Πόσο κάνει;** [póso káni?]
That's too expensive.	**Είναι πολύ ακριβό.** [íne polí akrivó]
I'll take it.	**Θα το πάρω.** [θa to páro]

Excuse me, where do I pay?	**Συγνώμη, που μπορώ να πληρώσω;** [siɣnómi, pu boró na pliróso?]
Will you pay in cash or credit card?	**Θα πληρώσετε με μετρητά ή με πιστωτική κάρτα;** [θa plirósete me metritá í me pistotikí kárta?]
In cash | with credit card	**Τοις μετρητοίς | με πιστωτική κάρτα** [tis metritoís | me pistotikí kárta]
Do you want the receipt?	**Θέλετε απόδειξη;** [θélete apóðiksi?]
Yes, please.	**Ναι παρακαλώ.** [ne parakalʲó]
No, it's OK.	**Όχι, είναι εντάξει.** [óxi, íne endáksi]
Thank you. Have a nice day!	**Ευχαριστώ. Καλή σας μέρα!** [efxaristó. kalí sas méra!]

In town

Excuse me, ...	**Με συγχωρείτε, ...** [me sinxoríte, ...]
I'm looking for ...	**Ψάχνω για ...** [psáxno ja ...]
the subway	**μετρό** [metró]
my hotel	**το ξενοδοχείο μου** [to ksenoðoxío mu]
the movie theater	**σινεμά** [sinemá]
a taxi stand	**πιάτσα ταξί** [piátsa taksí]
an ATM	**ATM** [eitiém]
a foreign exchange office	**ανταλλακτήριο συναλλάγματος** [adalʲaktírio sinalʲáɣmatos]
an internet café	**ίντερνετ καφέ** [ínternet kafé]
... street	**την οδό ...** [tin oðó ...]
this place	**αυτό το μέρος** [aftó to méros]
Do you know where ... is?	**Ξέρετε πού είναι ...;** [ksérete pú íne ...?]
Which street is this?	**Ποια οδός είναι αυτή;** [pia oðós íne aftí?]
Show me where we are right now.	**Δείξετε μου που βρισκόμαστε αυτή τη στιγμή.** [ðíksete mu pu vriskómaste aftí ti stiɣmí]
Can I get there on foot?	**Μπορώ να πάω εκεί με τα πόδια;** [boró na páo ekí me ta póðia?]
Do you have a map of the city?	**Μήπως έχετε χάρτη της πόλης;** [mípos éxete xárti tis pólis?]
How much is a ticket to get in?	**Πόσο κάνει το εισιτήριο για να μπείς μέσα;** [póso káni to isitírio ja na béis mésa?]
Can I take pictures here?	**Μπορώ να βγάλω φωτογραφίες εδώ;** [boró na vɣálʲo fotografíes eðó?]

Are you open?	**Είστε ανοικτά;** [íste aniktá?]
When do you open?	**Πότε ανοίγετε;** [póte aníʝete?]
When do you close?	**Πότε κλείνετε;** [póte klínete?]

Money

money
χρήματα
[xrímata]

cash
μετρητά
[metritá]

paper money
χαρτονομίσματα
[xartonomízmata]

loose change
ρέστα
[résta]

check | change | tip
λογαριασμός | ρέστα | πουρμπουάρ
[lʲoɣariazmóς | résta | purbuár]

---

credit card
πιστωτική κάρτα
[pistotikí kárta]

wallet
πορτοφόλι
[portofóli]

to buy
αγοράζω
[aɣorázo]

to pay
πληρώνω
[pliróno]

fine
πρόστιμο
[próstimo]

free
δωρεάν
[ðoreán]

Where can I buy ...?
Πού μπορώ να αγοράσω ...;
[pú boró na aɣoráso ...?]

Is the bank open now?
Είναι τώρα η τράπεζα ανοιχτή;
[íne tóra i trápeza anixtí?]

When does it open?
Πότε ανοίγει;
[póte aníji?]

When does it close?
Πότε κλείνει;
[póte klíni?]

How much?
Πόσο κάνει;
[póso káni?]

How much is this?
Πόσο κάνει αυτό;
[póso káni aftó?]

That's too expensive.
Είναι πολύ ακριβό.
[íne polí akrivó]

Excuse me, where do I pay?
Συγνώμη, που μπορώ να πληρώσω;
[siɣnómi, pu boró na pliróso?]

Check, please.
Τον λογαριασμό, παρακαλώ.
[ton lʲoɣariazmó, parakalʲó]

Can I pay by credit card?	**Μπορώ να πληρώσω με πιστωτική κάρτα;** [boró na pliróso me pistotikí kárta?]
Is there an ATM here?	**Μήπως υπάρχει εδώ κοντά κάποιο ΑΤΜ;** [mípos ipárxi eðó kondá kápio eitiém?]
I'm looking for an ATM.	**Ψάχνω να βρω ένα ΑΤΜ.** [psáxno ja na vro éna eitiém]
I'm looking for a foreign exchange office.	**Ψάχνω για ένα ανταλλακτήριο συναλλάγματος.** [psáxno ja éna andalʲaktírio sinalʲáɣmatos]
I'd like to change ...	**Θα ήθελα να αλλάξω ...** [θa íθelʲa na alʲákso ...]
What is the exchange rate?	**Ποια είναι η τιμή συναλλάγματος;** [pia íne i timí sinalʲáɣmatos?]
Do you need my passport?	**Θέλετε το διαβατήριο μου;** [θélete to ðiavatírio mu?]

Time

What time is it?	**Τι ώρα είναι;** [ti óra íne?]
When?	**Πότε;** [póte?]
At what time?	**Τι ώρα;** [ti óra?]
now | later | after ...	**τώρα | αργότερα | μετά ...** [tóra | arɣótera | metá ...]
one o'clock	**μία η ώρα** [mía i óra]
one fifteen	**μία και τέταρτο** [mía ke tétarto]
one thirty	**μία και μισή** [mía ke misí]
one forty-five	**δύο παρά τέταρτο** [ðío pará tétarto]
one | two | three	**μία | δύο | τρις** [mía | ðío | tris]
four | five | six	**τέσσερις | πέντε | έξι** [téseris | pénde | éksi]
seven | eight | nine	**επτά | οκτώ | εννέα** [eptá | októ | enéa]
ten | eleven | twelve	**δέκα | έντεκα | δώδεκα** [ðéka | éndeka | ðóðeka]
in ...	**σε ...** [se ...]
five minutes	**πέντε λεπτά** [pénde leptá]
ten minutes	**δέκα λεπτά** [ðéka leptá]
fifteen minutes	**δεκαπέντε λεπτά** [ðekapénde leptá]
twenty minutes	**είκοσι λεπτά** [íkosi leptá]
half an hour	**μισή ώρα** [misí óra]
an hour	**μια ώρα** [mia óra]

in the morning	**το πρωί** [to proí]
early in the morning	**νωρίς το πρωί** [norís to proí]
this morning	**σήμερα το πρωί** [símera to proí]
tomorrow morning	**αύριο το πρωί** [ávrio to proí]
in the middle of the day	**την ώρα του μεσημεριανού** [tin óra tu mesimerianú]
in the afternoon	**το απόγευμα** [to apójevma]
in the evening	**το βράδυ** [to vráði]
tonight	**απόψε** [apópse]
at night	**την νύχτα** [tin níxta]
yesterday	**εχθές** [exθés]
today	**σήμερα** [símera]
tomorrow	**αύριο** [ávrio]
the day after tomorrow	**μεθαύριο** [meθávrio]
What day is it today?	**Τι μέρα είναι σήμερα;** [ti méra íne símera?]
It's ...	**Είναι ...** [íne ...]
Monday	**Δευτέρα** [ðeftéra]
Tuesday	**Τρίτη** [tríti]
Wednesday	**Τετάρτη** [tetárti]
Thursday	**Πέμπτη** [pémpti]
Friday	**Παρασκευή** [paraskeví]
Saturday	**Σάββατο** [sávato]
Sunday	**Κυριακή** [kiriakí]

Greetings. Introductions

Hello.	**Γεια σας.** [ʝa sas]
Pleased to meet you.	**Χάρηκα που σας γνώρισα.** [xárika pu sas ɣnórisa]
Me too.	**Και εγώ επίσης.** [ke eɣó epísis]
I'd like you to meet ...	**Θα ήθελα να συναντήσεις ...** [θa íθelʲa na sinandísis ...]
Nice to meet you.	**Χαίρομαι που σας γνωρίζω.** [xérome pu sas ɣnorízo]

How are you?	**Τι κάνετε; Πώς είστε;** [ti kánete? pós íste?]
My name is ...	**Ονομάζομαι ...** [onomázome ...]
His name is ...	**Το όνομά του είναι ...** [to ónomá tu íne ...]
Her name is ...	**Το όνομά της είναι ...** [to ónomá tes íne ...]
What's your name?	**Πώς ονομάζεστε;** [pós onomázeste?]
What's his name?	**Πώς ονομάζεται;** [pós onomázete?]
What's her name?	**Πώς ονομάζεται;** [pós onomázete?]

What's your last name?	**Ποιο είναι το επώνυμό σας;** [pio íne to epónimó sas?]
You can call me ...	**Μπορείτε να με λέτε ...** [boríte na me léte ...]
Where are you from?	**Από πού είστε;** [apó pú íste?]
I'm from ...	**Είμαι από ...** [íme apó ...]
What do you do for a living?	**Ποιο είναι το επάγγελμά σας;** [pio íne to epángelʲmá sas?]
Who is this?	**Ποιος είναι αυτός ο άνθρωπος;** [pios íne aftós o ánθropos?]
Who is he?	**Ποιος είναι αυτός;** [pios íne aftós?]
Who is she?	**Ποια είναι αυτή;** [pia íne aftí?]
Who are they?	**Ποιοι είναι αυτοί;** [pii íne aftí?]

This is ...	**Αυτός είναι ...** [aftós íne ...]
my friend (masc.)	**ο φίλος μου** [o fílʲos mu]
my friend (fem.)	**η φίλη μου** [i fíli mu]
my husband	**ο σύζυγός μου** [o síziɣós mu]
my wife	**η σύζυγός μου** [i síziɣós mu]
my father	**ο πατέρας μου** [o patéras mu]
my mother	**η μητέρα μου** [i mitéra mu]
my brother	**ο αδελφός μου** [o aðelʲfós mu]
my sister	**η αδελφή μου** [i aðelʲfí mu]
my son	**ο γιός μου** [o ʝiós mu]
my daughter	**η κόρη μου** [i kóri mu]
This is our son.	**Αυτός είναι ο γιός μας.** [aftós íne o ʝiós mas]
This is our daughter.	**Αυτή είναι η κόρη μας.** [aftí íne i kóri mas]
These are my children.	**Αυτά είναι τα παιδιά μου.** [aftá íne ta peðiá mu]
These are our children.	**Αυτά είναι τα παιδιά μας.** [aftá íne ta peðiá mas]

Farewells

Good bye!	**Αντίο!** [adío!]
Bye! (inform.)	**Γεια σου!** [ja su!]
See you tomorrow.	**Θα σας δω αύριο.** [θa sas ðo ávrio]
See you soon.	**Θα σε δω σύντομα.** [θa se ðo síndoma]
See you at seven.	**Θα σε δω στις επτά.** [θa se ðo stis eptá]
Have fun!	**Καλή διασκέδαση!** [kalí ðiaskéðasi!]
Talk to you later.	**Θα τα πούμε αργότερα.** [θa ta púme arɣótera]
Have a nice weekend.	**Καλό σαββατοκύριακο.** [kalʲó savatokíriako]
Good night.	**Καλή νύχτα σας.** [kalí níxta sas]
It's time for me to go.	**Είναι ώρα να πηγαίνω.** [íne óra na pijéno]
I have to go.	**Πρέπει να φύγω.** [prépi na fíɣo]
I will be right back.	**Θα γυρίσω αμέσως.** [θa jiríso amésos]
It's late.	**Είναι αργά.** [íne arɣá]
I have to get up early.	**Πρέπει να ξυπνήσω νωρίς.** [prépi na ksipníso norís]
I'm leaving tomorrow.	**Φεύγω αύριο.** [févɣo ávrio]
We're leaving tomorrow.	**Φεύγουμε αύριο.** [févɣume ávrio]
Have a nice trip!	**Καλό σας ταξίδι!** [kalʲó sas taksíði!]
It was nice meeting you.	**Χάρηκα που σας γνώρισα.** [xárika pu sas ɣnórisa]
It was nice talking to you.	**Χάρηκα που μιλήσαμε.** [xárika pu milísame]
Thanks for everything.	**Ευχαριστώ για όλα.** [efxaristó ja ólʲa]

I had a very good time.	**Πέρασα πολύ καλά.** [pérasa polí kal'á]
We had a very good time.	**Περάσαμε πολύ καλά.** [perásame polí kal'á]
It was really great.	**Ήταν πραγματικά υπέροχα.** [ítan praɣmatiká ipéroxa]
I'm going to miss you.	**Θα μου λείψετε.** [θa mu lípsete]
We're going to miss you.	**Θα μας λείψετε.** [θa mas lípsete]
Good luck!	**Καλή τύχη!** [kalí tíxi!]
Say hi to ...	**Χαιρετίσματα σε ...** [xeretízmata se ...]

Foreign language

I don't understand.	**Δεν καταλαβαίνω.** [ðen katalʲavéno]
Write it down, please.	**Μπορείτε σας παρακαλώ να το γράψετε;** [boríte sas parakalʲó na to ɣrápsete?]
Do you speak ...?	**Μιλάτε ...;** [milʲáte ...?]
I speak a little bit of ...	**Μιλάω λίγο ...** [milʲáo líɣo ...]
English	**αγγλικά** [angliká]
Turkish	**τουρκικά** [turkiká]
Arabic	**αραβικά** [araviká]
French	**γαλλικά** [ɣaliká]
German	**γερμανικά** [jermaniká]
Italian	**ιταλικά** [italiká]
Spanish	**ισπανικά** [ispaniká]
Portuguese	**πορτογαλικά** [portoɣaliká]
Chinese	**κινέζικα** [kinézika]
Japanese	**ιαπωνικά** [japoniká]
Can you repeat that, please.	**Μπορείτε παρακαλώ να το επαναλάβετε;** [boríte parakalʲó na to epanalʲávete?]
I understand.	**Καταλαβαίνω.** [katalʲavéno]
I don't understand.	**Δεν καταλαβαίνω.** [ðen katalʲavéno]
Please speak more slowly.	**Παρακαλώ μιλάτε πιο αργά.** [parakalʲó milʲáte pio arɣá]

Is that correct? (Am I saying it right?)	**Είναι σωστό αυτό;** [íne sostó aftó?]
What is this? (What does this mean?)	**Τι είναι αυτό;** [ti íne aftó?]

Apologies

Excuse me, please.	**Με συγχωρείτε, παρακαλώ.** [me sinxoríte, parakalʲó]
I'm sorry.	**Λυπάμαι.** [lipáme]
I'm really sorry.	**Λυπάμαι πολύ.** [lipáme polí]
Sorry, it's my fault.	**Με συγχωρείτε, ήταν λάθος μου.** [me sinxoríte, ítan lʲáθos mu]
My mistake.	**Είναι λάθος μου.** [íne lʲáθos mu]
May I ...?	**Θα μπορούσα να ...;** [θa borúsa na ...?]
Do you mind if I ...?	**Θα σας πείραζε να ...;** [θa sas píraze na ...?]
It's OK.	**Είναι εντάξει.** [íne endáksi]
It's all right.	**Εντάξει.** [endáksi]
Don't worry about it.	**Μην σας απασχολεί.** [min sas apasxolí]

Agreement

Yes.	**Ναι.** [ne]
Yes, sure.	**Ναι, φυσικά.** [ne, fisiká]
OK (Good!)	**Εντάξει! Καλά!** [endáksi! kalʲá!]
Very well.	**Πολύ καλά.** [polí kalʲá]
Certainly!	**Φυσικά!** [fisiká!]
I agree.	**Συμφωνώ.** [simfonó]

That's correct.	**Αυτό είναι σωστό.** [aftó íne sostó]
That's right.	**Σωστά.** [sostá]
You're right.	**Έχετε δίκιο.** [éxete ðíkio]
I don't mind.	**Δεν με πειράζει.** [ðen me pirázi]
Absolutely right.	**Απολύτως σωστό.** [apolítos sostó]

It's possible.	**Είναι πιθανό.** [íne piθanó]
That's a good idea.	**Είναι μία καλή ιδέα.** [íne mía kalí iðéa]
I can't say no.	**Δεν μπορώ να αρνηθώ.** [ðen boró na arniθó]
I'd be happy to.	**Βεβαίως.** [vevéos]
With pleasure.	**Ευχαρίστως.** [efxarístos]

Refusal. Expressing doubt

No.	**Όχι.** [óxi]
Certainly not.	**Βέβαια όχι.** [vévea óxi]
I don't agree.	**Δεν συμφωνώ.** [ðen simfonó]
I don't think so.	**Δεν νομίζω** [ðen nomízo]
It's not true.	**Δεν είναι αλήθεια.** [ðen íne alíθia]
You are wrong.	**Κάνετε λάθος.** [kánete lʲáθos]
I think you are wrong.	**Νομίζω ότι κάνετε λάθος.** [nomízo óti kánete lʲáθos]
I'm not sure.	**Δεν είμαι σίγουρος.** [ðen íme síɣuros]
It's impossible.	**Είναι αδύνατο.** [íne aðínato]
Nothing of the kind (sort)!	**Τίποτα τέτοιο!** [típota tétio!]
The exact opposite.	**Το ακριβώς αντίθετο.** [to akrivós andíθeto]
I'm against it.	**Διαφωνώ με αυτό.** [ðiafonó me aftó]
I don't care.	**Δεν με νοιάζει.** [ðen me niázi]
I have no idea.	**Δεν έχω ιδέα.** [ðen éxo iðéa]
I doubt it.	**Δεν νομίζω** [ðen nomízo]
Sorry, I can't.	**Με συγχωρείτε, δεν μπορώ.** [me sinxoríte, ðen boró]
Sorry, I don't want to.	**Με συγχωρείτε, δεν θέλω να.** [me sinxoríte, ðen θélʲo na]
Thank you, but I don't need this.	**Ευχαριστώ, αλλά δεν το χρειάζομαι αυτό.** [efxaristó, alʲá ðen to xriázome aftó]
It's getting late.	**Είναι αργά.** [íne arɣá]

I have to get up early.	**Πρέπει να σηκωθώ νωρίς.** [prépi na sekoθó norís]
I don't feel well.	**Δεν αισθάνομαι καλά.** [ðen esθánome kalʲá]

Expressing gratitude

Thank you.	**Σας ευχαριστώ.** [sas efxaristó]
Thank you very much.	**Σας ευχαριστώ πολύ.** [sas efxaristó polí]
I really appreciate it.	**Το εκτιμώ πολύ.** [to ektimó polí]
I'm really grateful to you.	**Σας είμαι πραγματικά ευγνώμων.** [sas íme praɣmatiká evɣnómon]
We are really grateful to you.	**Σας είμαστε πραγματικά ευγνώμονες.** [sas ímaste praɣmatiká evɣnómones]
Thank you for your time.	**Σας ευχαριστώ για τον χρόνο σας.** [sas efxaristó ʝa ton xróno sas]
Thanks for everything.	**Ευχαριστώ για όλα.** [efxaristó ʝa ólʲa]
Thank you for ...	**Σας ευχαριστώ για ...** [sas efxaristó ʝa ...]
your help	**την βοήθειά σας** [tin voíθiá sas]
a nice time	**να περάσετε καλά** [na perásete kalʲá]
a wonderful meal	**ένα υπέροχο γεύμα** [éna ipéroxo ʝévma]
a pleasant evening	**ένα ευχάριστο βράδυ** [éna efxáristo vráði]
a wonderful day	**μια υπέροχη μέρα** [mia ipéroxi méra]
an amazing journey	**ένα καταπληκτικό ταξίδι** [éna katapliktikó taksíði]
Don't mention it.	**Δεν είναι τίποτα** [ðen íne típota]
You are welcome.	**Παρακαλώ, δεν κάνει τίποτα.** [parakalʲó, ðen káni típota]
Any time.	**Οποτεδήποτε.** [opoteðípote]
My pleasure.	**Είναι ευχαρίστηση μου.** [íne efxarístisi mu]
Forget it.	**Ξέχνα το.** [kséxna to]
Don't worry about it.	**Μην σας απασχολεί.** [min sas apasxolí]

Congratulations. Best wishes

Congratulations!	**Συγχαρητήρια!** [sinxaritíria!]
Happy birthday!	**Χρόνια πολλά!** [xrónia polʲá!]
Merry Christmas!	**Καλά Χριστούγεννα!** [kalʲá xristúʝena!]
Happy New Year!	**Καλή Χρονιά!** [kalí xroniá!]
Happy Easter!	**Καλό Πάσχα!** [kalʲó pásxa!]
Happy Hanukkah!	**Καλό Χάνουκα!** [kalʲó xánuka!]
I'd like to propose a toast.	**Θα ήθελα να κάνω μία πρόποση** [θa íθelʲa na káno mía próposi]
Cheers!	**Γεια μας!** [ʝa mas!]
Let's drink to ...!	**Ας πιούμε στην υγειά του ...!** [as piúme stin iʝiá tu ...!]
To our success!	**Στην επιτυχία μας!** [stin epitixía mas!]
To your success!	**Στην επιτυχία σας!** [stin epitixía sas!]
Good luck!	**Καλή τύχη!** [kalí tíxi]
Have a nice day!	**Να έχετε μια ευχάριστη μέρα!** [na éxete mia efxáristi méra!]
Have a good holiday!	**Καλές διακοπές!** [kalés ðiakopés!]
Have a safe journey!	**Να έχετε ένα ασφαλές ταξίδι!** [na éxete éna asfalés taksíði!]
I hope you get better soon!	**Ελπίζω να αναρρώσετε σύντομα!** [elʲpízo na anarósete síntoma!]

Socializing

Why are you sad?	**Γιατί είστε λυπημένος;** [ʝatí íste lipeménos?]
Smile! Cheer up!	**Χαμογελάστε!** [xamoʝelʲáste!]
Are you free tonight?	**Έχετε χρόνο απόψε;** [éxete xróno apópse?]
May I offer you a drink?	**Θα μπορούσα να σας προσφέρω ένα ποτό;** [θa borúsa na sas prosféro éna potó?]
Would you like to dance?	**Θα θέλατε να χορέψουμε;** [θa θélʲate na xorépsume?]
Let's go to the movies.	**Πάμε σινεμά.** [páme sinemá]

May I invite you to ...?	**Θα μπορούσα να σας προσκαλέσω σε ...;** [θa borúsa na sas proskaléso se ...?]
a restaurant	**δείπνο** [ðípno]
the movies	**σινεμά** [sinemá]
the theater	**θέατρο** [θéatro]
go for a walk	**για μια βόλτα** [ʝa mia vólʲta]
At what time?	**Τι ώρα;** [ti óra?]
tonight	**απόψε** [apópse]
at six	**στις έξι** [stis éksi]
at seven	**στις επτά** [stis eptá]
at eight	**στις οκτώ** [stis októ]
at nine	**στις εννέα** [stis enéa]

Do you like it here?	**Σας αρέσει εδώ;** [sas arési eðó?]
Are you here with someone?	**Είστε εδώ με κάποιον;** [íste eðó me kápion?]

I'm with my friend.	**Είμαι με τον φίλο μου.** [íme me ton fílʲo mu]
I'm with my friends.	**Είμαι με τους φίλους μου.** [íme me tus fílʲus mu]
No, I'm alone.	**Όχι, είμαι μόνος /μόνη/.** [óxi, íme mónos /móni/]
Do you have a boyfriend?	**Έχεις αγόρι;** [éxis aɣóri?]
I have a boyfriend.	**Έχω αγόρι.** [éxo aɣóri]
Do you have a girlfriend?	**Έχεις κορίτσι;** [éxis korítsi?]
I have a girlfriend.	**Έχω κορίτσι.** [éxo korítsi]
Can I see you again?	**Θέλεις να ξαναβρεθούμε;** [θélis na ksanavreθúme?]
Can I call you?	**Μπορώ να σου τηλεφωνήσω;** [boró na su tilefoníso?]
Call me. (Give me a call.)	**Πάρε με τηλέφωνο.** [páre me tiléfono]
What's your number?	**Ποιος είναι ο αριθμός σου;** [pios íne o ariθmós su?]
I miss you.	**Μου λείπεις.** [mu lípis]
You have a beautiful name.	**Έχετε ωραίο όνομα.** [éxete oréo ónoma]
I love you.	**Σ'αγαπώ.** [saɣapó]
Will you marry me?	**Θα με παντρευτείς;** [θa me pandreftís?]
You're kidding!	**Αστειεύεστε!** [astiéveste!]
I'm just kidding.	**Απλώς αστειεύομαι.** [aplʲós astiévome]
Are you serious?	**Μιλάτε σοβαρά;** [milʲáte sovará?]
I'm serious.	**Μιλώ σοβαρά.** [milʲó sovará]
Really?!	**Αλήθεια;** [alíθia?]
It's unbelievable!	**Είναι απίστευτο!** [íne apístefto!]
I don't believe you.	**Δεν σας πιστεύω.** [ðen sas pistévo]
I can't.	**Δεν μπορώ.** [ðen boró]
I don't know.	**Δεν ξέρω.** [ðen kséro]

I don't understand you.	**Δεν σας καταλαβαίνω.** [ðen sas katalʲavéno]
Please go away.	**Παρακαλώ φύγετε.** [parakalʲó fíjete]
Leave me alone!	**Αφήστε με ήσυχη!** [afíste me ésixi!]
I can't stand him.	**Δεν τον αντέχω.** [ðen ton adéxo]
You are disgusting!	**Είστε απαίσιος!** [íste apésios!]
I'll call the police!	**Θα καλέσω την αστυνομία!** [θa kaléso tin astinomía!]

Sharing impressions. Emotions

I like it.	**Μου αρέσει.** [mu arési]
Very nice.	**Πολύ ωραίο.** [polí oréo]
That's great!	**Είναι θαυμάσιο!** [íne θavmásio!]
It's not bad.	**Δεν είναι κακό.** [ðen íne kakó]
I don't like it.	**Δεν μου αρέσει.** [ðen mu arési]
It's not good.	**Δεν είναι καλό.** [ðen íne kalʲó]
It's bad.	**Είναι κακό.** [íne kakó]
It's very bad.	**Είναι πολύ κακό.** [íne polí kakó]
It's disgusting.	**Είναι αηδιαστικό.** [íne aiðiastikó]
I'm happy.	**Είμαι χαρούμενος /χαρούμενη/.** [íme xarúmenos /xarúmeni/]
I'm content.	**Είμαι ικανοποιημένος /ικανοποιημένη/.** [íme ikanopiménos /ikanopiméni/]
I'm in love.	**Είμαι ερωτευμένος /ερωτευμένη/.** [íme erotevménos /erotevméni/]
I'm calm.	**Είμαι ήρεμος /ήρεμη/.** [íme íremos /íremi/]
I'm bored.	**Βαριέμαι.** [variéme]
I'm tired.	**Είμαι κουρασμένος /κουρασμένη/.** [íme kurazménos /kurazméni/]
I'm sad.	**Είμαι στενοχωρημένος /στενοχωρημένη/.** [íme stenoxoriménos /stenoxoriméni/]
I'm frightened.	**Φοβάμαι.** [fováme]
I'm angry.	**Είμαι θυμωμένος /θυμωμένη/.** [íme θimoménos /θimoméni/]
I'm worried.	**Ανησυχώ** [anesixó]

T&P Books. English-Greek phrasebook & concise dictionary

I'm nervous. **Είμαι νευρικός /νευρική/.**
[íme nevrikós /nevrikí/]

I'm jealous. (envious) **Ζηλεύω.**
[zilévo]

I'm surprised. **Εκπλήσσομαι.**
[ekplísome]

I'm perplexed. **Νιώθω αμήχανα.**
[nióθo amíxana]

Problems. Accidents

I've got a problem.	**Έχω ένα πρόβλημα.** [éxo éna próvlima]
We've got a problem.	**Έχουμε ένα πρόβλημα.** [éxume éna próvlima]
I'm lost.	**Χάθηκα.** [xáθika]
I missed the last bus (train).	**Έχασα το τελευταίο λεωφορείο (τρένο).** [éxasa to teleftéo leoforío (tréno)]
I don't have any money left.	**Δεν έχω άλλα χρήματα.** [ðen éxo álʲa xrímata]
I've lost my ...	**Έχασα το ... μου** [éxasa to ... mu]
Someone stole my ...	**Μου έκλεψαν το ... μου** [mu éklepsan to ... mu]
passport	**διαβατήριο** [ðiavatírio]
wallet	**πορτοφόλι** [portofóli]
papers	**χαρτιά** [xartiá]
ticket	**εισιτήριο** [isitírio]
money	**χρήματα** [xrímata]
handbag	**τσάντα** [tsánda]
camera	**κάμερα** [kámera]
laptop	**λάπτοπ** [lʲáptop]
tablet computer	**τάμπλετ** [táblet]
mobile phone	**κινητό** [kinitó]
Help me!	**Βοηθήστε με!** [voiθíste me!]
What's happened?	**Τι συνέβη;** [ti sinévi?]

fire	**φωτιά** [fotiá]
shooting	**πυροβολισμός** [pirovolizmós]
murder	**φόνος** [fónos]
explosion	**έκρηξη** [ékriksi]
fight	**καυγάς** [kavɣás]
Call the police!	**Καλέστε την αστυνομία!** [kaléste tin astinomía!]
Please hurry up!	**Παρακαλώ βιαστείτε!** [parakalʲó viastíte!]
I'm looking for the police station.	**Ψάχνω να βρω ένα αστυνομικό τμήμα.** [psáxno na vro éna astinomikó tmíma]
I need to make a call.	**Πρέπει να τηλεφωνήσω.** [prépi na tilefoníso]
May I use your phone?	**Θα μπορούσα να χρησιμοποιήσω το τηλέφωνό σας;** [θa borúsa na xresimopiéso to tiléfonó sas?]
I've been ...	**Με ...** [me ...]
mugged	**έδειραν** [éðiran]
robbed	**λήστεψαν** [lístepsan]
raped	**βίασαν** [víasan]
attacked (beaten up)	**επιτέθηκαν** [epitéθikan]
Are you all right?	**Είστε καλά;** [íste kalʲá?]
Did you see who it was?	**Είδατε ποιος ήταν;** [íðate pios itan?]
Would you be able to recognize the person?	**Μπορείτε να αναγνωρίσετε αυτό το άτομο;** [boríte na anaɣnorísete aftó to átomo?]
Are you sure?	**Είστε σίγουρος;** [íste síɣuros?]
Please calm down.	**Παρακαλώ ηρεμήστε.** [parakalʲó iremíste]
Take it easy!	**Με την ησυχία σας!** [me tin esixía sas!]

Don't worry!	**Μην ανησυχείτε!** [min anisixíte!]
Everything will be fine.	**Όλα θα πάνε καλά.** [ólʲa θa páne kalʲá]
Everything's all right.	**Όλα είναι εντάξει.** [ólʲa íne edáksi]

Come here, please.	**Ελάτε εδώ, παρακαλώ.** [elʲáte eðó, parakalʲó]
I have some questions for you.	**Έχω να σας κάνω μερικές ερωτήσεις.** [éxo na sas káno merikés erotísis]
Wait a moment, please.	**Περιμένετε ένα λεπτό, παρακαλώ.** [periménete éna leptó, parakalʲó]
Do you have any I.D.?	**Έχετε την ταυτότητα σας μαζί σας;** [éxete tin taftótita sas mazí sas?]
Thanks. You can leave now.	**Ευχαριστώ. Μπορείτε να φύγετε.** [efxaristó. boríte na fíʝete]
Hands behind your head!	**Τα χέρια πίσω από το κεφάλι σας!** [ta xéria píso apó to kefáli sas!]
You're under arrest!	**Συλλαμβάνεστε!** [silʲamváneste!]

Health problems

Please help me.	**Παρακαλώ βοηθήστε με.** [parakalʲó voiθíste me]
I don't feel well.	**Δεν αισθάνομαι καλά.** [ðen esθánome kalʲá]
My husband doesn't feel well.	**Ο σύζυγός μου δεν αισθάνεται καλά.** [o síziɣós mu ðen esθánete kalʲá]
My son ...	**Ο γιός μου ...** [o ʝiós mu ...]
My father ...	**Ο πατέρας μου ...** [o patéras mu ...]
My wife doesn't feel well.	**Η γυναίκα μου δεν αισθάνεται καλά.** [i ʝinéka mu ðen esθánete kalʲá]
My daughter ...	**Η κόρη μου ...** [i kóri mu ...]
My mother ...	**Η μητέρα μου ...** [i mitéra mu ...]
I've got a ...	**Μου πονάει ...** [mu ponái ...]
headache	**το κεφάλι** [to kefáli]
sore throat	**ο λαιμός** [o lemós]
stomach ache	**το στομάχι** [to stomáxi]
toothache	**το δόντι** [to ðóndi]
I feel dizzy.	**Ζαλίζομαι.** [zalízome]
He has a fever.	**Αυτός έχει πυρετό.** [aftós éxi piretó]
She has a fever.	**Αυτή έχει πυρετό.** [afté éxi piretó]
I can't breathe.	**Δεν μπορώ να αναπνεύσω.** [ðen boró na anapnéfso]
I'm short of breath.	**Μου κόπηκε η αναπνοή.** [mu kópike i anapnoí]
I am asthmatic.	**Έχω άσθμα.** [éxo ásθma]
I am diabetic.	**Είμαι διαβητικός.** [íme ðiavetikós]

I can't sleep.	**Έχω αϋπνία.** [éxo aipnía]
food poisoning	**τροφική δηλητηρίαση** [trofikí ðilitiríasi]
It hurts here.	**Πονάω εδώ.** [ponáo eðó]
Help me!	**Βοηθήστε με!** [voiθíste me!]
I am here!	**Εδώ είμαι!** [eðó íme!]
We are here!	**Εδώ είμαστε!** [eðó ímaste!]
Get me out of here!	**Πάρτε με από δώ!** [párte me apó ðó!]
I need a doctor.	**Χρειάζομαι ένα γιατρό.** [xriázome éna jatró]
I can't move.	**Δεν μπορώ να κουνηθώ.** [ðen boró na kuniθó]
I can't move my legs.	**Δεν μπορώ να κουνήσω τα πόδια μου.** [ðen boró na kuníso ta póðia mu]
I have a wound.	**Είμαι τραυματισμένος /τραυματισμένη/.** [íme travmatizménos /travmatizméni/]
Is it serious?	**Είναι σοβαρό;** [íne sovaró?]
My documents are in my pocket.	**Τα χαρτιά μου είναι μέσα στην τσέπη μου.** [ta xartiá mu íne mésa stin tsépi mu]
Calm down!	**Ηρεμήστε!** [iremíste!]
May I use your phone?	**Θα μπορούσα να χρησιμοποιήσω το τηλέφωνο σας;** [θa borúsa na xresimopiéso to tiléfono sas?]
Call an ambulance!	**Καλέστε ένα ασθενοφόρο!** [kaléste éna asθenofóro!]
It's urgent!	**Είναι επείγον!** [íne epíɣon!]
It's an emergency!	**Είναι επείγον!** [íne epíɣon!]
Please hurry up!	**Παρακαλώ βιαστείτε!** [parakalʲó viastíte!]
Would you please call a doctor?	**Φωνάζετε παρακαλώ έναν γιατρό;** [fonázete parakalʲó énan jatró?]

Where is the hospital?	**Πού είναι το νοσοκομείο;** [pú íne to nosokomío?]
How are you feeling?	**Πως αισθάνεστε;** [pos esθáneste?]
Are you all right?	**Είστε καλά;** [íste kalʲá?]
What's happened?	**Τι έγινε;** [ti éjine?]
I feel better now.	**Νοιώθω καλύτερα τώρα.** [nióθo kalítera tóra]
It's OK.	**Είναι εντάξει.** [íne endáksi]
It's all right.	**Όλα καλά.** [ólʲa kalʲá]

At the pharmacy

pharmacy (drugstore)	**φαρμακείο** [farmakío]
24-hour pharmacy	**εφημερεύον φαρμακείο** [efmerévon farmakío]
Where is the closest pharmacy?	**Πού είναι το πιο κοντινό φαρμακείο;** [pú íne to pio kondinó farmakío?]
Is it open now?	**Είναι ανοιχτό αυτήν την ώρα;** [íne anixtó aftín tin óra?]
At what time does it open?	**Τι ώρα ανοίγει;** [ti óra aníji?]
At what time does it close?	**Τι ώρα κλείνει;** [ti óra klíni?]
Is it far?	**Είναι μακριά από εδώ;** [íne makriá apó eðó?]
Can I get there on foot?	**Μπορώ να πάω εκεί με τα πόδια;** [boró na páo ekí me ta póðia?]
Can you show me on the map?	**Μπορείτε να μου δείξετε στο χάρτη;** [boríte na mu ðíksete sto xárti?]
Please give me something for ...	**Παρακαλώ δώστε μου κάτι για ...** [parakalʲó ðóste mu káti ja ...]
a headache	**πονοκέφαλο** [ponokéfalʲo]
a cough	**βήχα** [víxa]
a cold	**το κρυολόγημα** [to kriolʲójima]
the flu	**γρίπη** [grípi]
a fever	**πυρετό** [piretó]
a stomach ache	**πόνο στο στομάχι** [póno sto stomáxi]
nausea	**ναυτία** [naftía]
diarrhea	**διάρροια** [ðiária]
constipation	**δυσκοιλιότητα** [ðiskiliótita]
pain in the back	**πόνο στην πλάτη** [póno stin plʲáti]

chest pain	**πόνο στο στήθος** [póno sto stíθos]
side stitch	**πόνο στα πλευρά** [póno sta plevrá]
abdominal pain	**πόνο στην κοιλιά** [póno sten kiliá]

pill	**χάπι** [xápi]
ointment, cream	**αλοιφή, κρέμα** [alifí, kréma]
syrup	**σιρόπι** [sirópi]
spray	**σπρέι** [spréj]
drops	**σταγόνες** [staɣónes]

You need to go to the hospital.	**Πρέπει να πάτε στο νοσοκομείο.** [prépi na páte sto nosokomío]
health insurance	**ιατροφαρμακευτική κάλυψη** [jatrofarmakeftikí kálipsi]
prescription	**συνταγή** [sindají]
insect repellant	**εντομοαπωθητικό** [endomoapoθitikó]
Band Aid	**τσιρότο** [tsiróto]

The bare minimum

Excuse me, ...	Συγνώμη, ... [siɣnómi, ...]
Hello.	Γεια σας. [ja sas]
Thank you.	Ευχαριστώ. [efxaristó]
Good bye.	Αντίο. [adío]
Yes.	Ναι. [ne]
No.	Όχι. [óxi]
I don't know.	Δεν ξέρω. [ðen kséro]
Where? | Where to? | When?	Πού; | Προς τα πού; | Πότε; [pú? | pros ta pú? | póte?]
I need ...	Χρειάζομαι ... [xriázome ...]
I want ...	Θέλω ... [θélʲo ...]
Do you have ...?	Έχετε ...; [éxete ...?]
Is there a ... here?	Μήπως υπάρχει ... εδώ; [mípos ipárxi ... eðó?]
May I ...?	Θα μπορούσα να ...; [θa borúsa na ...?]
..., please (polite request)	..., παρακαλώ [..., parakalʲó]
I'm looking for ...	Ψάχνω για ... [psáxno ja ...]
the restroom	τουαλέτα [tualéta]
an ATM	ATM [eitiém]
a pharmacy (drugstore)	φαρμακείο [farmakío]
a hospital	νοσοκομείο [nosokomío]
the police station	αστυνομικό τμήμα [astinomikó tmíma]
the subway	μετρό [metró]

a taxi	**ταξί** [taksí]
the train station	**σιδηροδρομικό σταθμό** [siðiroðromikó staθmó]

My name is ...	**Ονομάζομαι ...** [onomázome ...]
What's your name?	**Πώς ονομάζεστε;** [pós onomázeste?]
Could you please help me?	**Μπορείτε παρακαλώ να με βοηθήσετε;** [boríte parakalʲó na me voiθísete?]
I've got a problem.	**Έχω ένα πρόβλημα.** [éxo éna próvlima]
I don't feel well.	**Δεν αισθάνομαι καλά.** [ðen esθánome kalʲá]
Call an ambulance!	**Καλέστε ένα ασθενοφόρο!** [kaléste éna asθenofóro!]
May I make a call?	**Θα μπορούσα να κάνω ένα τηλέφωνο;** [θa borúsa na káno éna tiléfono?]

I'm sorry.	**Συγνώμη.** [siɣnómi]
You're welcome.	**Παρακαλώ!** [parakalʲó!]

I, me	**Εγώ, εμένα** [eɣó, eména]
you (inform.)	**εσύ** [esí]
he	**αυτός** [aftós]
she	**αυτή** [aftí]
they (masc.)	**αυτοί** [aftí]
they (fem.)	**αυτές** [aftés]
we	**εμείς** [emís]
you (pl)	**εσείς** [esís]
you (sg, form.)	**εσείς** [esís]

ENTRANCE	**ΕΙΣΟΔΟΣ** [ísoðos]
EXIT	**ΕΞΟΔΟΣ** [éksoðos]

OUT OF ORDER	**ΕΚΤΟΣ ΛΕΙΤΟΥΡΓΙΑΣ** [éktos liturjías]
CLOSED	**ΚΛΕΙΣΤΟ** [klísto]
OPEN	**ΑΝΟΙΚΤΟ** [aníkto]
FOR WOMEN	**ΓΥΝΑΙΚΩΝ** [jinekón]
FOR MEN	**ΑΝΔΡΩΝ** [ánðron]

CONCISE DICTIONARY

This section contains more than 1,500 useful words arranged alphabetically. The dictionary includes a lot of gastronomic terms and will be helpful when ordering food at a restaurant or buying groceries

T&P Books Publishing

DICTIONARY CONTENTS

1. Time. Calendar	76
2. Numbers. Numerals	77
3. Humans. Family	78
4. Human body	79
5. Medicine. Diseases. Drugs	81
6. Feelings. Emotions. Conversation	82
7. Clothing. Personal accessories	83
8. City. Urban institutions	85
9. Money. Finances	86
10. Transportation	87
11. Food. Part 1	88
12. Food. Part 2	90
13. House. Apartment. Part 1	91
14. House. Apartment. Part 2	92
15. Professions. Social status	93
16. Sport	95

T&P Books Publishing

17. Foreign languages. Orthography	96
18. The Earth. Geography	97
19. Countries of the world. Part 1	99
20. Countries of the world. Part 2	100
21. Weather. Natural disasters	101
22. Animals. Part 1	102
23. Animals. Part 2	104
24. Trees. Plants	105
25. Various useful words	106
26. Modifiers. Adjectives. Part 1	107
27. Modifiers. Adjectives. Part 2	108
28. Verbs. Part 1	110
29. Verbs. Part 2	111
30. Verbs. Part 3	112

T&P Books Publishing

1. Time. Calendar

time	**χρόνος** (αρ.)	[xrónos]
hour	**ώρα** (θηλ.)	[óra]
half an hour	**μισή ώρα** (θηλ.)	[misí óra]
minute	**λεπτό** (ουδ.)	[leptó]
second	**δευτερόλεπτο** (ουδ.)	[ðefterólepto]
today (adv)	**σήμερα**	[símera]
tomorrow (adv)	**αύριο**	[ávrio]
yesterday (adv)	**χθες, χτες**	[xθes], [xtes]
Monday	**Δευτέρα** (θηλ.)	[ðeftéra]
Tuesday	**Τρίτη** (θηλ.)	[tríti]
Wednesday	**Τετάρτη** (θηλ.)	[tetárti]
Thursday	**Πέμπτη** (θηλ.)	[pémpti]
Friday	**Παρασκευή** (θηλ.)	[paraskeví]
Saturday	**Σάββατο** (ουδ.)	[sávato]
Sunday	**Κυριακή** (θηλ.)	[kiriakí]
day	**μέρα, ημέρα** (θηλ.)	[méra], [iméra]
working day	**εργάσιμη μέρα** (θηλ.)	[erɣásimi méra]
public holiday	**αργία** (θηλ.)	[arʝía]
weekend	**σαββατοκύριακο** (ουδ.)	[savatokíriako]
week	**εβδομάδα** (θηλ.)	[evðomáða]
last week (adv)	**την προηγούμενη εβδομάδα**	[tin proiɣúmeni evðomáda]
next week (adv)	**την επόμενη εβδομάδα**	[tin epómeni evðomáda]
sunrise	**ανατολή** (θηλ.)	[anatolí]
sunset	**ηλιοβασίλεμα** (ουδ.)	[iliovasílema]
in the morning	**το πρωί**	[to proí]
in the afternoon	**το απόγευμα**	[to apóʝevma]
in the evening	**το βράδυ**	[to vráði]
tonight (this evening)	**απόψε**	[apópse]
at night	**τη νύχτα**	[ti níxta]
midnight	**μεσάνυχτα** (ουδ.πλ.)	[mesánixta]
January	**Ιανουάριος** (αρ.)	[januários]
February	**Φεβρουάριος** (αρ.)	[fevruários]
March	**Μάρτιος** (αρ.)	[mártios]
April	**Απρίλιος** (αρ.)	[aprílios]
May	**Μάιος** (αρ.)	[májos]

June	**Ιούνιος** (αρ.)	[iúnios]
July	**Ιούλιος** (αρ.)	[iúlios]
August	**Αύγουστος** (αρ.)	[ávɣustos]
September	**Σεπτέμβριος** (αρ.)	[septémvrios]
October	**Οκτώβριος** (αρ.)	[októvrios]
November	**Νοέμβριος** (αρ.)	[noémvrios]
December	**Δεκέμβριος** (αρ.)	[ðekémvrios]
in spring	**την άνοιξη**	[tin ániksi]
in summer	**το καλοκαίρι**	[to kalʲokéri]
in fall	**το φθινόπωρο**	[to fθinóporo]
in winter	**το χειμώνα**	[to ximóna]
month	**μήνας** (αρ.)	[mínas]
season (summer, etc.)	**εποχή** (θηλ.)	[epoxí]
year	**χρόνος** (αρ.)	[xrónos]
century	**αιώνας** (αρ.)	[eónas]

2. Numbers. Numerals

digit, figure	**ψηφίο** (ουδ.)	[psifío]
number	**αριθμός** (αρ.)	[ariθmós]
minus sign	**μείον** (ουδ.)	[míon]
plus sign	**συν** (ουδ.)	[sin]
sum, total	**ποσό** (ουδ.)	[posó]
first (adj)	**πρώτος**	[prótos]
second (adj)	**δεύτερος**	[ðéfteros]
third (adj)	**τρίτος**	[trítos]
0 zero	**μηδέν**	[miðén]
1 one	**ένα**	[éna]
2 two	**δύο**	[ðío]
3 three	**τρία**	[tría]
4 four	**τέσσερα**	[tésera]
5 five	**πέντε**	[pénde]
6 six	**έξι**	[éksi]
7 seven	**εφτά**	[eftá]
8 eight	**οχτώ**	[oxtó]
9 nine	**εννέα**	[enéa]
10 ten	**δέκα**	[ðéka]
11 eleven	**ένδεκα**	[énðeka]
12 twelve	**δώδεκα**	[ðóðeka]
13 thirteen	**δεκατρία**	[ðekatría]
14 fourteen	**δεκατέσσερα**	[ðekatésera]
15 fifteen	**δεκαπέντε**	[ðekapénde]
16 sixteen	**δεκαέξι**	[ðekaéksi]
17 seventeen	**δεκαεφτά**	[ðekaeftá]

18 eighteen	**δεκαοχτώ**	[ðekaoxtó]
19 nineteen	**δεκαεννέα**	[ðekaenéa]
20 twenty	**είκοσι**	[íkosi]
30 thirty	**τριάντα**	[triánda]
40 forty	**σαράντα**	[saránda]
50 fifty	**πενήντα**	[penínda]
60 sixty	**εξήντα**	[eksínda]
70 seventy	**εβδομήντα**	[evðomínda]
80 eighty	**ογδόντα**	[oɣðónda]
90 ninety	**ενενήντα**	[enenínda]
100 one hundred	**εκατό**	[ekató]
200 two hundred	**διακόσια**	[ðiakósia]
300 three hundred	**τριακόσια**	[triakósia]
400 four hundred	**τετρακόσια**	[tetrakósia]
500 five hundred	**πεντακόσια**	[pendakósia]
600 six hundred	**εξακόσια**	[eksakósia]
700 seven hundred	**εφτακόσια**	[eftakósia]
800 eight hundred	**οχτακόσια**	[oxtakósia]
900 nine hundred	**εννιακόσια**	[eniakósia]
1000 one thousand	**χίλια**	[xília]
10000 ten thousand	**δέκα χιλιάδες**	[ðéka xiliáðes]
one hundred thousand	**εκατό χιλιάδες**	[ekató xiliáðes]
million	**εκατομμύριο** (ουδ.)	[ekatomírio]
billion	**δισεκατομμύριο** (ουδ.)	[ðisekatomírio]

3. Humans. Family

man (adult male)	**άντρας, άνδρας** (αρ.)	[ándras], [ánðras]
young man	**νεαρός** (αρ.)	[nearós]
teenager	**έφηβος** (αρ.)	[éfivos]
woman	**γυναίκα** (θηλ.)	[ʝinéka]
girl (young woman)	**κοπέλα** (θηλ.)	[kopélʲa]
age	**ηλικία** (θηλ.)	[ilikía]
adult (adj)	**ενήλικος**	[enílikos]
middle-aged (adj)	**μέσης ηλικίας**	[mésis ilikías]
elderly (adj)	**ηλικιωμένος**	[ilikioménos]
old (adj)	**γέρος**	[ʝéros]
old man	**γέρος** (αρ.)	[ʝéros]
old woman	**γριά** (θηλ.)	[ɣriá]
retirement	**σύνταξη** (θηλ.)	[síndaksi]
to retire (from job)	**βγαίνω σε σύνταξη**	[vʝéno se síndaksi]
retiree	**συνταξιούχος** (αρ.)	[sindaksiúxos]

mother	**μητέρα** (θηλ.)	[mitéra]
father	**πατέρας** (αρ.)	[patéras]
son	**γιός** (αρ.)	[ʝos]
daughter	**κόρη** (θηλ.)	[kóri]
brother	**αδερφός** (αρ.)	[aðerfós]
elder brother	**μεγαλύτερος αδερφός** (αρ.)	[meɣalíteros aðerfós]
younger brother	**μικρότερος αδερφός** (αρ.)	[mikróteros aðerfós]
sister	**αδερφή** (θηλ.)	[aðerfí]
elder sister	**μεγαλύτερη αδερφή** (ουδ.)	[meɣalíteri aðerfí]
younger sister	**μικρότερη αδερφή** (ουδ.)	[mikróteri aðerfí]
parents	**γονείς** (αρ.πλ.)	[ɣonís]
child	**παιδί** (ουδ.)	[peðí]
children	**παιδιά** (ουδ.πλ.)	[peðiá]
stepmother	**μητριά** (θηλ.)	[mitriá]
stepfather	**πατριός** (αρ.)	[patriós]
grandmother	**γιαγιά** (θηλ.)	[ʝaʝá]
grandfather	**παππούς** (αρ.)	[papús]
grandson	**εγγονός** (αρ.)	[engonós]
granddaughter	**εγγονή** (θηλ.)	[engoní]
grandchildren	**εγγόνια** (ουδ.πλ.)	[engónia]
uncle	**θείος** (αρ.)	[θíos]
aunt	**θεία** (θηλ.)	[θía]
nephew	**ανιψιός** (αρ.)	[anipsiós]
niece	**ανιψιά** (θηλ.)	[anipsiá]
wife	**γυναίκα** (θηλ.)	[ʝinéka]
husband	**άνδρας** (αρ.)	[ánðras]
married (masc.)	**παντρεμένος**	[pandreménos]
married (fem.)	**παντρεμένη**	[pandreméni]
widow	**χήρα** (θηλ.)	[xíra]
widower	**χήρος** (αρ.)	[xíros]
name (first name)	**όνομα** (ουδ.)	[ónoma]
surname (last name)	**επώνυμο** (ουδ.)	[epónimo]
relative	**συγγενής** (αρ.)	[singenís]
friend (masc.)	**φίλος** (αρ.)	[fíʎos]
friendship	**φιλία** (θηλ.)	[filía]
partner	**συνέταιρος** (αρ.)	[sinéteros]
superior (n)	**προϊστάμενος** (αρ.)	[projstámenos]
colleague	**συνεργάτης** (αρ.)	[sinerɣátis]
neighbors	**γείτονες** (αρ.πλ.)	[ʝítones]

4. Human body

organism (body)	**οργανισμός** (αρ.)	[orɣanizmós]
body	**σώμα** (ουδ.)	[sóma]

heart	**καρδιά** (θηλ.)	[karðiá]
blood	**αίμα** (ουδ.)	[éma]
brain	**εγκέφαλος** (αρ.)	[engéfalʲos]
nerve	**νεύρο** (ουδ.)	[névro]
bone	**οστό** (ουδ.)	[ostó]
skeleton	**σκελετός** (αρ.)	[skeletós]
spine (backbone)	**σπονδυλική στήλη** (θηλ.)	[sponðilikí stíli]
rib	**πλευρό** (ουδ.)	[plevró]
skull	**κρανίο** (ουδ.)	[kranío]
muscle	**μυς** (αρ.)	[mis]
lungs	**πνεύμονες** (αρ.πλ.)	[pnévmones]
skin	**δέρμα** (ουδ.)	[ðérma]
head	**κεφάλι** (ουδ.)	[kefáli]
face	**πρόσωπο** (ουδ.)	[prósopo]
nose	**μύτη** (θηλ.)	[míti]
forehead	**μέτωπο** (ουδ.)	[métopo]
cheek	**μάγουλο** (ουδ.)	[máɣulʲo]
mouth	**στόμα** (ουδ.)	[stóma]
tongue	**γλώσσα** (θηλ.)	[ɣlʲósa]
tooth	**δόντι** (ουδ.)	[ðóndi]
lips	**χείλη** (ουδ.πλ.)	[xíli]
chin	**πηγούνι** (ουδ.)	[piɣúni]
ear	**αυτί** (ουδ.)	[aftí]
neck	**αυχένας , σβέρκος** (αρ.)	[afxénas], [svérkos]
throat	**λαιμός** (αρ.)	[lemós]
eye	**μάτι** (ουδ.)	[máti]
pupil	**κόρη** (θηλ.)	[kóri]
eyebrow	**φρύδι** (ουδ.)	[fríði]
eyelash	**βλεφαρίδα** (θηλ.)	[vlefaríða]
hair	**μαλλιά** (ουδ.πλ.)	[maliá]
hairstyle	**χτένισμα** (ουδ.)	[xténizma]
mustache	**μουστάκι** (ουδ.)	[mustáki]
beard	**μούσι** (ουδ.)	[músi]
to have (a beard, etc.)	**φορώ**	[foró]
bald (adj)	**φαλακρός**	[falʲakrós]
hand	**χέρι** (ουδ.)	[xéri]
arm	**χέρι** (ουδ.)	[xéri]
finger	**δάχτυλο** (ουδ.)	[ðáxtilʲo]
nail	**νύχι** (ουδ.)	[níxi]
palm	**παλάμη** (θηλ.)	[palʲámi]
shoulder	**ώμος** (αρ.)	[ómos]
leg	**πόδι** (ουδ.)	[póði]
foot	**πόδι** (ουδ.)	[póði]

knee	**γόνατο** (ουδ.)	[ɣónato]
heel	**φτέρνα** (θηλ.)	[ftérna]
back	**πλάτη** (θηλ.)	[plʲáti]
waist	**οσφύς** (θηλ.)	[osfís]
beauty mark	**ελιά** (θηλ.)	[eliá]
birthmark (café au lait spot)	**σημάδι εκ γενετής** (ουδ.)	[simáði ek ʝenetís]

5. Medicine. Diseases. Drugs

health	**υγεία** (θηλ.)	[ijía]
well (not sick)	**υγιής**	[ijiís]
sickness	**αρρώστια** (θηλ.)	[aróstia]
to be sick	**είμαι άρρωστος**	[íme árostos]
ill, sick (adj)	**άρρωστος**	[árostos]
cold (illness)	**κρυολόγημα** (ουδ.)	[kriolʲóʝima]
to catch a cold	**κρυολογώ**	[kriolʲoɣó]
tonsillitis	**αμυγδαλίτιδα** (θηλ.)	[amiɣðalítiða]
pneumonia	**πνευμονία** (θηλ.)	[pnevmonía]
flu, influenza	**γρίπη** (θηλ.)	[ɣrípi]
runny nose (coryza)	**συνάχι** (ουδ.)	[sináxi]
cough	**βήχας** (αρ.)	[víxas]
to cough (vi)	**βήχω**	[víxo]
to sneeze (vi)	**φτερνίζομαι**	[fternízome]
stroke	**αποπληξία** (θηλ.)	[apopliksía]
heart attack	**έμφραγμα** (ουδ.)	[émfraɣma]
allergy	**αλλεργία** (θηλ.)	[alerʝía]
asthma	**άσθμα** (ουδ.)	[ásθma]
diabetes	**διαβήτης** (αρ.)	[ðiavítis]
tumor	**όγκος** (αρ.)	[óngos]
cancer	**καρκίνος** (αρ.)	[karkínos]
alcoholism	**αλκοολισμός** (αρ.)	[alʲkoolizmós]
AIDS	**AIDS** (ουδ.)	[ejds]
fever	**πυρετός** (αρ.)	[piretós]
seasickness	**ναυτία** (θηλ.)	[naftía]
bruise (hématome)	**μελανιά** (θηλ.)	[melʲaniá]
bump (lump)	**καρούμπαλο** (ουδ.)	[karúmbalʲo]
to limp (vi)	**κουτσαίνω**	[kutséno]
dislocation	**εξάρθρημα** (ουδ.)	[eksárθrima]
to dislocate (vt)	**εξαρθρώνω**	[eksaθróno]
fracture	**κάταγμα** (ουδ.)	[kátaɣma]
burn (injury)	**έγκαυμα** (ουδ.)	[éngavma]
injury	**τραυματισμός** (αρ.)	[travmatizmós]

T&P Books. English-Greek phrasebook & concise dictionary

| pain, ache | πόνος (αρ.) | [pónos] |
| toothache | πονόδοντος (αρ.) | [ponóðondos] |

to sweat (perspire)	ιδρώνω	[iðróno]
deaf (adj)	κουφός, κωφός	[kufós], [kofós]
mute (adj)	μουγγός	[mungós]

immunity	ανοσία (θηλ.)	[anosía]
virus	ιός (αρ.)	[jos]
microbe	μικρόβιο (ουδ.)	[mikróvio]
bacterium	βακτήριο (ουδ.)	[vaktírio]
infection	μόλυνση (θηλ.)	[mólinsi]

hospital	νοσοκομείο (ουδ.)	[nosokomío]
cure	θεραπεία (θηλ.)	[θerapía]
to vaccinate (vt)	εμβολιάζω	[emvoliázo]
to be in a coma	βρίσκομαι σε κώμα	[vrískome se kóma]
intensive care	εντατική (θηλ.)	[endatikí]
symptom	σύμπτωμα (ουδ.)	[símptoma]
pulse (heartbeat)	παλμός (αρ.)	[palʲmós]

6. Feelings. Emotions. Conversation

I, me	εγώ	[eɣó]
you	εσύ	[esí]
he	αυτός	[aftós]
she	αυτή	[aftí]
it	αυτό	[aftó]

we	εμείς	[emís]
you (to a group)	εσείς	[esís]
they (masc.)	αυτοί	[aftí]
they (fem.)	αυτές	[aftés]

Hello! (fam.)	Γεια σου!	[ja su]
Hello! (form.)	Γεια σας!	[ja sas]
Good morning!	Καλημέρα!	[kaliméra]
Good afternoon!	Καλό απόγευμα!	[kalʲó apójevma]
Good evening!	Καλησπέρα!	[kalispéra]

to say hello	χαιρετώ	[xeretó]
to greet (vt)	χαιρετώ	[xeretó]
How are you? (form.)	Πώς είστε;	[pós íste]
How are you? (fam.)	Τι κάνεις;	[ti kánis]
Goodbye!	Γεια σας!	[ja sas]
Bye!	Γεια σου!	[ja su]
Thank you!	Ευχαριστώ!	[efxaristó]

| feelings | αισθήματα (ουδ.πλ.) | [esθímata] |
| to be hungry | πεινάω | [pináo] |

to be thirsty	**διψάω**	[ðipsáo]
tired (adj)	**κουρασμένος**	[kurazménos]
to be worried	**ανησυχώ**	[anisixó]
to be nervous	**αγχώνομαι**	[anxónome]
hope	**ελπίδα** (θηλ.)	[elʲpíða]
to hope (vi, vt)	**ελπίζω**	[elʲpízo]
character	**χαρακτήρας** (αρ.)	[xaraktíras]
modest (adj)	**σεμνός**	[semnós]
lazy (adj)	**τεμπέλης**	[tembélis]
generous (adj)	**γενναιόδωρος**	[ʝeneóðoros]
talented (adj)	**ταλαντούχος**	[talʲandúxos]
honest (adj)	**τίμιος**	[tímios]
serious (adj)	**σοβαρός**	[sovarós]
shy, timid (adj)	**άτολμος**	[átolʲmos]
sincere (adj)	**ειλικρινής**	[ilikrinís]
coward	**δειλός**	[ðilʲós]
to sleep (vi)	**κοιμάμαι**	[kimáme]
dream	**όνειρο** (ουδ.)	[óniro]
bed	**κρεβάτι** (ουδ.)	[kreváti]
pillow	**μαξιλάρι** (ουδ.)	[maksilʲári]
insomnia	**αϋπνία** (θηλ.)	[aipnía]
to go to bed	**πηγαίνω για ύπνο**	[piʝéno ʝa ípno]
nightmare	**εφιάλτης** (αρ.)	[efiálʲtis]
alarm clock	**ξυπνητήρι** (ουδ.)	[ksipnitíri]
smile	**χαμόγελο** (ουδ.)	[xamóʝelʲo]
to smile (vi)	**χαμογελάω**	[xamoʝelʲáo]
to laugh (vi)	**γελάω**	[ʝelʲáo]
quarrel	**τσακωμός** (αρ.)	[tsakomós]
insult	**προσβολή** (θηλ.)	[prozvolí]
resentment	**πίκρα** (θηλ.)	[píkra]
angry (mad)	**θυμωμένος**	[θimoménos]

7. Clothing. Personal accessories

clothes	**ενδύματα** (ουδ.πλ.)	[enðímata]
coat (overcoat)	**παλτό** (ουδ.)	[palʲtó]
fur coat	**γούνα** (θηλ.)	[ɣúna]
jacket (e.g., leather ~)	**μπουφάν** (ουδ.)	[bufán]
raincoat (trenchcoat, etc.)	**αδιάβροχο** (ουδ.)	[aðiávroxo]
shirt (button shirt)	**πουκάμισο** (ουδ.)	[pukámiso]
pants	**παντελόνι** (ουδ.)	[pandelʲóni]
suit jacket	**σακάκι** (ουδ.)	[sakáki]

suit	**κοστούμι** (ουδ.)	[kostúmi]
dress (frock)	**φόρεμα** (ουδ.)	[fórema]
skirt	**φούστα** (θηλ.)	[fústa]
T-shirt	**μπλουζάκι** (ουδ.)	[blʲuzáki]
bathrobe	**μπουρνούζι** (ουδ.)	[burnúzi]
pajamas	**πιτζάμα** (θηλ.)	[pidzáma]
workwear	**τα ρούχα της δουλειάς** (ουδ.πλ.)	[ta rúxa tis ðuliás]
underwear	**εσώρουχα** (ουδ.πλ.)	[esóruxa]
socks	**κάλτσες** (θηλ.πλ.)	[kálʲtses]
bra	**σουτιέν** (ουδ.)	[sutién]
pantyhose	**καλτσόν** (ουδ.)	[kalʲtsón]
stockings (thigh highs)	**κάλτσες** (θηλ.πλ.)	[kálʲtses]
bathing suit	**μαγιό** (ουδ.)	[maʝió]
hat	**καπέλο** (ουδ.)	[kapélʲo]
footwear	**υποδήματα** (ουδ.πλ.)	[ipoðímata]
boots (e.g., cowboy ~)	**μπότες** (θηλ.πλ.)	[bótes]
heel	**τακούνι** (ουδ.)	[takúni]
shoestring	**κορδόνι** (ουδ.)	[korðóni]
shoe polish	**κρέμα παπουτσιών** (θηλ.)	[kréma paputsión]
cotton (n)	**βαμβάκι** (ουδ.)	[vamváki]
wool (n)	**μαλλί** (ουδ.)	[malí]
fur (n)	**γούνα** (θηλ.)	[ɣúna]
gloves	**γάντια** (ουδ.πλ.)	[ɣándia]
mittens	**γάντια χωρίς δάχτυλα** (ουδ.πλ.)	[ɣándia xoris ðáxtilʲa]
scarf (muffler)	**κασκόλ** (ουδ.)	[kaskólʲ]
glasses (eyeglasses)	**γυαλιά** (ουδ.πλ.)	[ʝaliá]
umbrella	**ομπρέλα** (θηλ.)	[ombrélʲa]
tie (necktie)	**γραβάτα** (θηλ.)	[ɣraváta]
handkerchief	**μαντήλι** (ουδ.)	[mandíli]
comb	**χτένα** (θηλ.)	[xténa]
hairbrush	**βούρτσα** (θηλ.)	[vúrtsa]
buckle	**πόρπη** (θηλ.)	[pórpi]
belt	**ζώνη** (θηλ.)	[zóni]
purse	**τσάντα** (θηλ.)	[tsánda]
collar	**γιακάς** (αρ.)	[ʝakás]
pocket	**τσέπη** (θηλ.)	[tsépi]
sleeve	**μανίκι** (ουδ.)	[maníki]
fly (on trousers)	**φερμουάρ** (ουδ.)	[fermuár]
zipper (fastener)	**φερμουάρ** (ουδ.)	[fermuár]
button	**κουμπί** (ουδ.)	[kumbí]
to get dirty (vi)	**λερώνομαι**	[lerónome]
stain (mark, spot)	**λεκές** (αρ.)	[lekés]

8. City. Urban institutions

store	**κατάστημα** (ουδ.)	[katástima]
shopping mall	**εμπορικό κέντρο** (ουδ.)	[emborikó kéndro]
supermarket	**σουπερμάρκετ** (ουδ.)	[supermárket]
shoe store	**κατάστημα παπουτσιών** (ουδ.)	[katástima paputsión]
bookstore	**βιβλιοπωλείο** (ουδ.)	[vivliopolío]
drugstore, pharmacy	**φαρμακείο** (ουδ.)	[farmakío]
bakery	**αρτοπωλείο** (ουδ.)	[artopolío]
pastry shop	**ζαχαροπλαστείο** (ουδ.)	[zaxaroplʲastío]
grocery store	**μπακάλικο** (ουδ.)	[bakáliko]
butcher shop	**κρεοπωλείο** (ουδ.)	[kreopolío]
produce store	**μανάβικο** (ουδ.)	[manáviko]
market	**αγορά, λαϊκή** (θηλ.)	[aɣorá], [lʲajkí]
hair salon	**κομμωτήριο** (ουδ.)	[komotírio]
post office	**ταχυδρομείο** (ουδ.)	[taxiðromío]
dry cleaners	**στεγνοκαθαριστήριο** (ουδ.)	[steɣnokaθaristírio]
circus	**τσίρκο** (ουδ.)	[tsírko]
zoo	**ζωολογικός κήπος** (αρ.)	[zoolʲoʝikós kípos]
theater	**θέατρο** (ουδ.)	[θéatro]
movie theater	**κινηματογράφος** (αρ.)	[kinimatoɣráfos]
museum	**μουσείο** (ουδ.)	[musío]
library	**βιβλιοθήκη** (θηλ.)	[vivlioθíki]
mosque	**τζαμί** (ουδ.)	[dzamí]
synagogue	**συναγωγή** (θηλ.)	[sinaɣoʝí]
cathedral	**καθεδρικός** (αρ.)	[kaθeðrikós]
temple	**ναός** (αρ.)	[naós]
church	**εκκλησία** (θηλ.)	[eklisía]
college	**πανεπιστήμιο** (ουδ.)	[panepistímio]
university	**πανεπιστήμιο** (ουδ.)	[panepistímio]
school	**σχολείο** (ουδ.)	[sxolío]
hotel	**ξενοδοχείο** (ουδ.)	[ksenoðoxío]
bank	**τράπεζα** (θηλ.)	[trápeza]
embassy	**πρεσβεία** (θηλ.)	[prezvía]
travel agency	**ταξιδιωτικό γραφείο** (ουδ.)	[taksiðiotikó ɣrafío]
subway	**μετρό** (ουδ.)	[metró]
hospital	**νοσοκομείο** (ουδ.)	[nosokomío]
gas station	**βενζινάδικο** (ουδ.)	[venzináðiko]
parking lot	**πάρκινγκ** (ουδ.)	[párking]
ENTRANCE	**ΕΙΣΟΔΟΣ**	[ísoðos]
EXIT	**ΕΞΟΔΟΣ**	[éksoðos]
PUSH	**ΩΘΗΣΑΤΕ**	[oθísate]

PULL	**ΕΛΞΑΤΕ**	[élʲksate]
OPEN	**ΑΝΟΙΚΤΟ**	aníkto
CLOSED	**ΚΛΕΙΣΤΟ**	[klísto]
monument	**μνημείο** (ουδ.)	[mnimío]
fortress	**φρούριο** (ουδ.)	[frúrio]
palace	**παλάτι** (ουδ.)	[palʲáti]
medieval (adj)	**μεσαιωνικός**	[meseonikós]
ancient (adj)	**αρχαίος**	[arxéos]
national (adj)	**εθνικός**	[eθnikós]
famous (monument, etc.)	**διάσημος**	[ðiásimos]

9. Money. Finances

money	**χρήματα** (ουδ.πλ.)	[xrímata]
coin	**κέρμα** (ουδ.)	[kérma]
dollar	**δολάριο** (ουδ.)	[ðolʲário]
euro	**ευρώ** (ουδ.)	[evró]
ATM	**ATM** (ουδ.)	[eitiém]
currency exchange	**ανταλλακτήριο συναλλάγματος** (ουδ.)	[andalʲaktírio sinalʲáɣmatos]
exchange rate	**ισοτιμία** (θηλ.)	[isotimía]
cash	**μετρητά** (ουδ.πλ.)	[metritá]
How much?	**Πόσο κάνει;**	póso káni?
to pay (vi, vt)	**πληρώνω**	[pliróno]
payment	**αμοιβή** (θηλ.)	[amiví]
change (give the ~)	**ρέστα** (ουδ.πλ.)	[résta]
price	**τιμή** (θηλ.)	[timí]
discount	**έκπτωση** (θηλ.)	[ékptosi]
cheap (adj)	**φτηνός**	[ftinós]
expensive (adj)	**ακριβός**	[akrivós]
bank	**τράπεζα** (θηλ.)	[trápeza]
account	**λογαριασμός** (αρ.)	[lʲoɣariazmós]
credit card	**πιστωτική κάρτα** (θηλ.)	[pistotikí kárta]
check	**επιταγή** (θηλ.)	[epitaʝí]
to write a check	**κόβω επιταγή**	[kóvo epitaʝí]
checkbook	**βιβλιάριο επιταγών** (ουδ.)	[vivliário epitaɣón]
debt	**χρέος** (ουδ.)	[xréos]
debtor	**χρεώστης** (αρ.)	[xreóstis]
to lend (money)	**δανείζω**	[ðanízo]
to borrow (vi, vt)	**δανείζομαι**	[ðanízome]
to rent (~ a tuxedo)	**νοικιάζω**	[nikiázo]
on credit (adv)	**με πίστωση**	[me pístosi]

wallet	**πορτοφόλι** (ουδ.)	[portofóli]
safe	**χρηματοκιβώτιο** (ουδ.)	[xrimatokivótio]
inheritance	**κληρονομιά** (θηλ.)	[klironomiá]
fortune (wealth)	**περιουσία** (θηλ.)	[periusía]
tax	**φόρος** (αρ.)	[fóros]
fine	**πρόστιμο** (ουδ.)	[próstimo]
to fine (vt)	**επιβάλλω πρόστιμο**	[epivál^lo próstimo]
wholesale (adj)	**χοντρικός**	[xondrikós]
retail (adj)	**λιανικός**	[lianikós]
to insure (vt)	**ασφαλίζω**	[asfalízo]
insurance	**ασφάλεια** (θηλ.)	[asfália]
capital	**κεφάλαιο** (ουδ.)	[kefáleo]
turnover	**τζίρος** (αρ.)	[dzíros]
stock (share)	**μετοχή** (θηλ.)	[metoxí]
profit	**κέρδος** (ουδ.)	[kérðos]
profitable (adj)	**κερδοφόρος**	[kerðofóros]
crisis	**κρίση** (θηλ.)	[krísi]
bankruptcy	**χρεοκοπία** (θηλ.)	[xreokopía]
to go bankrupt	**χρεοκοπώ**	[xreokopó]
accountant	**λογιστής** (αρ.)	[l^lojistís]
salary	**μισθός** (αρ.)	[misθós]
bonus (money)	**μπόνους** (ουδ.)	[bónus]

10. Transportation

bus	**λεωφορείο** (ουδ.)	[leoforío]
streetcar	**τραμ** (ουδ.)	[tram]
trolley bus	**τρόλεϊ** (ουδ.)	[trólej]
to go by ...	**πηγαίνω με ...**	[pijéno me]
to get on (~ the bus)	**ανεβαίνω**	[anevéno]
to get off ...	**κατεβαίνω**	[katevéno]
stop (e.g., bus ~)	**στάση** (θηλ.)	[stási]
terminus	**τερματικός σταθμός** (αρ.)	[termatikós staθmós]
schedule	**δρομολόγιο** (ουδ.)	[ðromol^lójo]
ticket	**εισιτήριο** (ουδ.)	[isitírio]
to be late (for ...)	**καθυστερώ**	[kaθisteró]
taxi, cab	**ταξί** (ουδ.)	[taksí]
by taxi	**με ταξί**	[me taksí]
taxi stand	**πιάτσα ταξί** (θηλ.)	[piátsa taksí]
traffic	**κίνηση** (θηλ.)	[kínisi]
rush hour	**ώρα αιχμής** (θηλ.)	[óra exmís]

to park (vi)	παρκάρω	[parkáro]
subway	μετρό (ουδ.)	[metró]
station	σταθμός (αρ.)	[staθmós]
train	τραίνο, τρένο (ουδ.)	[tréno]
train station	σιδηροδρομικός σταθμός (αρ.)	[siðiroðromikós staθmós]
rails	ράγες (θηλ.πλ.)	[rájes]
compartment	κουπέ (ουδ.)	[kupé]
berth	κουκέτα (θηλ.)	[kukéta]

airplane	αεροπλάνο (ουδ.)	[aeropl^jáno]
air ticket	αεροπορικό εισιτήριο (ουδ.)	[aeroporikó isitírio]
airline	αεροπορική εταιρεία (θηλ.)	[aeroporikí etería]
airport	αεροδρόμιο (ουδ.)	[aeroðrómio]

flight (act of flying)	πέταγμα (ουδ.)	[pétaɣma]
luggage	αποσκευές (θηλ.πλ.)	[aposkevés]
luggage cart	καρότσι αποσκευών (ουδ.)	[karótsi aposkevón]

ship	πλοίο (ουδ.)	[plío]
cruise ship	κρουαζιερόπλοιο (ουδ.)	[kruazieróplio]
yacht	κότερο (ουδ.)	[kótero]
boat (flat-bottomed ~)	βάρκα (θηλ.)	[várka]

captain	καπετάνιος (αρ.)	[kapetánios]
cabin	καμπίνα (θηλ.)	[kabína]
port (harbor)	λιμάνι (ουδ.)	[limáni]

bicycle	ποδήλατο (ουδ.)	[poðíl^jato]
scooter	σκούτερ (ουδ.)	[skúter]
motorcycle, bike	μοτοσυκλέτα (θηλ.)	[motosikléta]
pedal	πεντάλ (ουδ.)	[pedál^j]
pump	τρόμπα (θηλ.)	[trómba]
wheel	τροχός (αρ.)	[troxós]

automobile, car	αυτοκίνητο (ουδ.)	[aftokínito]
ambulance	ασθενοφόρο (ουδ.)	[asθenofóro]
truck	φορτηγό (ουδ.)	[fortiɣó]
used (adj)	μεταχειρισμένος	[metaxirizménos]
car crash	σύγκρουση (θηλ.)	[síngrusi]
repair	επισκευή (θηλ.)	[episkeví]

11. Food. Part 1

meat	κρέας (ουδ.)	[kréas]
chicken	κότα (θηλ.)	[kóta]
duck	πάπια (θηλ.)	[pápia]
pork	χοιρινό κρέας (ουδ.)	[xirinó kréas]
veal	μοσχαρίσιο κρέας (ουδ.)	[mosxarísio kréas]

lamb	**αρνήσιο κρέας** (ουδ.)	[arnísio kréas]
beef	**βοδινό κρέας** (ουδ.)	[voðinó kréas]
sausage (bologna, etc.)	**λουκάνικο** (ουδ.)	[lʲukániko]
egg	**αυγό** (ουδ.)	[avɣó]
fish	**ψάρι** (ουδ.)	[psári]
cheese	**τυρί** (ουδ.)	[tirí]
sugar	**ζάχαρη** (θηλ.)	[záxari]
salt	**αλάτι** (ουδ.)	[alʲáti]
rice	**ρύζι** (ουδ.)	[rízi]
pasta (macaroni)	**ζυμαρικά** (ουδ.πλ.)	[zimariká]
butter	**βούτυρο** (ουδ.)	[vútiro]
vegetable oil	**φυτικό λάδι** (ουδ.)	[fitikó lʲáði]
bread	**ψωμί** (ουδ.)	[psomí]
chocolate (n)	**σοκολάτα** (θηλ.)	[sokolʲáta]
wine	**κρασί** (ουδ.)	[krasí]
coffee	**καφές** (αρ.)	[kafés]
milk	**γάλα** (ουδ.)	[ɣálʲa]
juice	**χυμός** (αρ.)	[ximós]
beer	**μπύρα** (θηλ.)	[bíra]
tea	**τσάι** (ουδ.)	[tsáj]
tomato	**ντομάτα** (θηλ.)	[domáta]
cucumber	**αγγούρι** (ουδ.)	[angúri]
carrot	**καρότο** (ουδ.)	[karóto]
potato	**πατάτα** (θηλ.)	[patáta]
onion	**κρεμμύδι** (ουδ.)	[kremíði]
garlic	**σκόρδο** (ουδ.)	[skórðo]
cabbage	**λάχανο** (ουδ.)	[lʲáxano]
beet	**παντζάρι** (ουδ.)	[pandzári]
eggplant	**μελιτζάνα** (θηλ.)	[melidzána]
dill	**άνηθος** (αρ.)	[ániθos]
lettuce	**μαρούλι** (ουδ.)	[marúli]
corn (maize)	**καλαμπόκι** (ουδ.)	[kalʲambóki]
fruit	**φρούτο** (ουδ.)	[frúto]
apple	**μήλο** (ουδ.)	[mílʲo]
pear	**αχλάδι** (ουδ.)	[axlʲáði]
lemon	**λεμόνι** (ουδ.)	[lemóni]
orange	**πορτοκάλι** (ουδ.)	[portokáli]
strawberry (garden ~)	**φράουλα** (θηλ.)	[fráulʲa]
plum	**δαμάσκηνο** (ουδ.)	[ðamáskino]
raspberry	**σμέουρο** (ουδ.)	[zméuro]
pineapple	**ανανάς** (αρ.)	[ananás]
banana	**μπανάνα** (θηλ.)	[banána]
watermelon	**καρπούζι** (ουδ.)	[karpúzi]
grape	**σταφύλι** (ουδ.)	[stafíli]
melon	**πεπόνι** (ουδ.)	[pepóni]

12. Food. Part 2

cuisine	**κουζίνα** (θηλ.)	[kuzína]
recipe	**συνταγή** (θηλ.)	[sindaʝí]
food	**τροφή** (θηλ.), **φαγητό** (ουδ.)	[trofí], [faʝitó]
to have breakfast	**παίρνω πρωινό**	[pérno proinó]
to have lunch	**τρώω μεσημεριανό**	[tróo mesimerianó]
to have dinner	**τρώω βραδινό**	[tróo vraðinó]
taste, flavor	**γεύση** (θηλ.)	[ʝéfsi]
tasty (adj)	**νόστιμος**	[nóstimos]
cold (adj)	**κρύος**	[kríos]
hot (adj)	**ζεστός**	[zestós]
sweet (sugary)	**γλυκός**	[ɣlikós]
salty (adj)	**αλμυρός**	[alʲmirós]
sandwich (bread)	**σάντουιτς** (ουδ.)	[sánduits]
side dish	**συνοδευτικό πιάτο** (ουδ.)	[sinoðeftikó piáto]
filling (for cake, pie)	**γέμιση** (θηλ.)	[ʝémisi]
sauce	**σάλτσα** (θηλ.)	[sálʲtsa]
piece (of cake, pie)	**κομμάτι** (ουδ.)	[komáti]
diet	**δίαιτα** (θηλ.)	[ðíeta]
vitamin	**βιταμίνη** (θηλ.)	[vitamíni]
calorie	**θερμίδα** (θηλ.)	[θermíða]
vegetarian (n)	**χορτοφάγος** (αρ.)	[xortofáɣos]
restaurant	**εστιατόριο** (ουδ.)	[estiatório]
coffee house	**καφετέρια** (θηλ.)	[kafetéria]
appetite	**όρεξη** (θηλ.)	[óreksi]
Enjoy your meal!	**Καλή όρεξη!**	[kalí óreksi]
waiter	**σερβιτόρος** (αρ.)	[servitóros]
waitress	**σερβιτόρα** (θηλ.)	[servitóra]
bartender	**μπάρμαν** (αρ.)	[bárman]
menu	**κατάλογος** (αρ.)	[katálʲoɣos]
spoon	**κουτάλι** (ουδ.)	[kutáli]
knife	**μαχαίρι** (ουδ.)	[maxéri]
fork	**πιρούνι** (ουδ.)	[pirúni]
cup (e.g., coffee ~)	**φλιτζάνι** (ουδ.)	[flidzáni]
plate (dinner ~)	**πιάτο** (ουδ.)	[piáto]
saucer	**πιατάκι** (ουδ.)	[piatáki]
napkin (on table)	**χαρτοπετσέτα** (θηλ.)	[xartopetséta]
toothpick	**οδοντογλυφίδα** (θηλ.)	[oðondoɣlifíða]
to order (meal)	**παραγγέλνω**	[parangélʲno]
course, dish	**πιάτο** (ουδ.)	[piáto]
portion	**μερίδα** (θηλ.)	[meríða]

appetizer	**ορεκτικό** (ουδ.)	[orektikó]
salad	**σαλάτα** (θηλ.)	[salʲáta]
soup	**σούπα** (θηλ.)	[súpa]
dessert	**επιδόρπιο** (ουδ.)	[epiðórpio]
jam (whole fruit jam)	**μαρμελάδα** (θηλ.)	[marmelʲáða]
ice-cream	**παγωτό** (ουδ.)	[paɣotó]
check	**λογαριασμός** (αρ.)	[lʲoɣariazmós]
to pay the check	**πληρώνω λογαριασμό**	[pliróno lʲoɣariazmó]
tip	**πουρμπουάρ** (ουδ.)	[purbuár]

13. House. Apartment. Part 1

house	**σπίτι** (ουδ.)	[spíti]
country house	**εξωχικό** (ουδ.)	[eksoxikó]
villa (seaside ~)	**βίλα** (θηλ.)	[vílʲa]
floor, story	**όροφος** (αρ.)	[órofos]
entrance	**είσοδος** (θηλ.)	[ísoðos]
wall	**τοίχος** (αρ.)	[tíxos]
roof	**στέγη** (θηλ.)	[stéʝi]
chimney	**καμινάδα** (θηλ.)	[kamináða]
attic (storage place)	**σοφίτα** (θηλ.)	[sofíta]
window	**παράθυρο** (ουδ.)	[paráθiro]
window ledge	**περβάζι** (ουδ.)	[pervázi]
balcony	**μπαλκόνι** (ουδ.)	[balʲkóni]
stairs (stairway)	**σκάλα** (θηλ.)	[skálʲa]
mailbox	**γραμματοκιβώτιο** (ουδ.)	[ɣramatokivótio]
garbage can	**σκουπιδοτενεκές** (αρ.)	[skupiðotenekés]
elevator	**ασανσέρ** (ουδ.)	[asansér]
electricity	**ηλεκτρισμός** (αρ.)	[ilektrizmós]
light bulb	**λάμπα** (θηλ.)	[lʲámba]
switch	**διακόπτης** (αρ.)	[ðiakóptis]
wall socket	**πρίζα** (θηλ.)	[príza]
fuse	**ασφάλεια** (θηλ.)	[asfália]
door	**πόρτα** (θηλ.)	[pórta]
handle, doorknob	**χερούλι** (ουδ.)	[xerúli]
key	**κλειδί** (ουδ.)	[kliðí]
doormat	**χαλάκι** (ουδ.)	[xalʲáki]
door lock	**κλειδαριά** (θηλ.)	[kliðariá]
doorbell	**κουδούνι** (ουδ.)	[kuðúni]
knock (at the door)	**χτύπημα** (ουδ.)	[xtípima]
to knock (vi)	**χτυπάω**	[xtipáo]
peephole	**ματάκι** (ουδ.)	[matáki]

yard	**αυλή** (θηλ.)	[avlí]
garden	**κήπος** (αρ.)	[kípos]
swimming pool	**πισίνα** (θηλ.)	[pisína]
gym (home gym)	**γυμναστήριο** (ουδ.)	[ʝimnastírio]
tennis court	**γήπεδο τένις** (ουδ.)	[ʝípeðo ténis]
garage	**γκαράζ** (ουδ.)	[garáz]
private property	**ιδωτική ιδιοκτησία** (θηλ.)	[iðotikí iðioktisía]
warning sign	**προειδοποιητικό σήμα** (ουδ.)	[proiðopoiitikó síma]
security	**ασφάλεια** (θηλ.)	[asfália]
security guard	**φρουρός** (αρ.)	[fílʲakas]
renovations	**ανακαίνιση** (θηλ.)	[anakénisi]
to renovate (vt)	**κάνω ανακαίνιση**	[káno anakénisi]
to put in order	**τακτοποιώ**	[taktopió]
to paint (~ a wall)	**βάφω**	[váfo]
wallpaper	**ταπετσαρία** (θηλ.)	[tapetsaría]
to varnish (vt)	**βερνικώνω**	[vernikóno]
pipe	**σωλήνας** (αρ.)	[solínas]
tools	**εργαλεία** (ουδ.πλ.)	[erɣalía]
basement	**υπόγειο** (ουδ.)	[ipóʝio]
sewerage (system)	**αποχέτευση** (θηλ.)	[apoxétefsi]

14. House. Apartment. Part 2

apartment	**διαμέρισμα** (ουδ.)	[ðiamérizma]
room	**δωμάτιο** (ουδ.)	[ðomátio]
bedroom	**υπνοδωμάτιο** (ουδ.)	[ipnoðomátio]
dining room	**τραπεζαρία** (θηλ.)	[trapezaría]
living room	**σαλόνι** (ουδ.)	[salʲóni]
study (home office)	**γραφείο** (ουδ.)	[ɣrafío]
entry room	**χωλ** (ουδ.)	[xolʲ]
bathroom (room with a bath or shower)	**μπάνιο** (ουδ.)	[bánio]
half bath	**τουαλέτα** (θηλ.)	[tualéta]
floor	**πάτωμα** (ουδ.)	[pátoma]
ceiling	**ταβάνι** (ουδ.)	[taváni]
to dust (vt)	**ξεσκονίζω**	[kseskonízo]
vacuum cleaner	**ηλεκτρική σκούπα** (θηλ.)	[ilektrikí skúpa]
to vacuum (vt)	**σκουπίζω με την ηλεκτρική**	[skupízo me tin ilektrikí]
mop	**σφουγγαρίστρα** (θηλ.)	[sfungarístra]
dust cloth	**πατσαβούρα** (θηλ.)	[patsavúra]
short broom	**μικρή σκούπα** (θηλ.)	[mikrí skúpa]

dustpan	**φαράσι** (ουδ.)	[farási]
furniture	**έπιπλα** (ουδ.πλ.)	[épiplʲa]
table	**τραπέζι** (ουδ.)	[trapézi]
chair	**καρέκλα** (θηλ.)	[karéklʲa]
armchair	**πολυθρόνα** (θηλ.)	[poliθróna]
bookcase	**βιβλιοθήκη** (θηλ.)	[vivlioθíki]
shelf	**ράφι** (ουδ.)	[ráfi]
wardrobe	**ντουλάπα** (θηλ.)	[dulʲápa]
mirror	**καθρέφτης** (αρ.)	[kaθréftis]
carpet	**χαλί** (ουδ.)	[xalí]
fireplace	**τζάκι** (ουδ.)	[dzáki]
drapes	**κουρτίνες** (θηλ.πλ.)	[kurtínes]
table lamp	**επιτραπέζιο φωτιστικό** (ουδ.)	[epitrapézio fotistikó]
chandelier	**πολυέλαιος** (αρ.)	[poliéleos]
kitchen	**κουζίνα** (θηλ.)	[kuzína]
gas stove (range)	**κουζίνα με γκάζι** (θηλ.)	[kuzína me gázi]
electric stove	**ηλεκτρική κουζίνα** (θηλ.)	[ilektrikí kuzína]
microwave oven	**φούρνος μικροκυμάτων** (αρ.)	[fúrnos mikrokimáton]
refrigerator	**ψυγείο** (ουδ.)	[psiʝío]
freezer	**καταψύκτης** (αρ.)	[katapsíktis]
dishwasher	**πλυντήριο πιάτων** (ουδ.)	[plindírio piáton]
faucet	**βρύση** (ουδ.)	[vrísi]
meat grinder	**κρεατομηχανή** (θηλ.)	[kreatomixaní]
juicer	**αποχυμωτής** (αρ.)	[apoximotís]
toaster	**φρυγανιέρα** (θηλ.)	[friɣaniéra]
mixer	**μίξερ** (ουδ.)	[míkser]
coffee machine	**καφετιέρα** (θηλ.)	[kafetiéra]
kettle	**βραστήρας** (αρ.)	[vrastíras]
teapot	**τσαγιέρα** (θηλ.)	[tsaʝéra]
TV set	**τηλεόραση** (θηλ.)	[tileórasi]
VCR (video recorder)	**συσκευή βίντεο** (θηλ.)	[siskeví vídeo]
iron (e.g., steam ~)	**σίδερο** (ουδ.)	[síðero]
telephone	**τηλέφωνο** (ουδ.)	[tiléfono]

15. Professions. Social status

director	**διευθυντής** (αρ.)	[ðiefθindís]
superior	**προϊστάμενος** (αρ.)	[projstámenos]
president	**πρόεδρος** (αρ.)	[próeðros]
assistant	**βοηθός** (αρ.)	[voiθós]
secretary	**γραμματέας** (αρ./θηλ.)	[ɣramatéas]

owner, proprietor	**ιδιοκτήτης** (αρ.)	[iðioktítis]
partner	**συνέταιρος** (αρ.)	[sinéteros]
stockholder	**μέτοχος** (αρ.)	[métoxos]
businessman	**μπίζνεσμαν** (αρ.)	[bíznezman]
millionaire	**εκατομμυριούχος** (αρ.)	[ekatomiriúxos]
billionaire	**δισεκατομμυριούχος** (αρ.)	[ðisekatomiriúxos]
actor	**ηθοποιός** (αρ.)	[iθopiós]
architect	**αρχιτέκτονας** (αρ.)	[arxitéktonas]
banker	**τραπεζίτης** (αρ.)	[trapezítis]
broker	**μεσίτης** (αρ.)	[mesítis]
veterinarian	**κτηνίατρος** (αρ.)	[ktiníatros]
doctor	**γιατρός** (αρ.)	[jatrós]
chambermaid	**καμαριέρα** (θηλ.)	[kamariéra]
designer	**σχεδιαστής** (αρ.)	[sxeðiastís]
correspondent	**ανταποκριτής** (αρ.)	[andapokritís]
delivery man	**κούριερ** (αρ.)	[kúrier]
electrician	**ηλεκτρολόγος** (αρ.)	[ilektrolʲóɣos]
musician	**μουσικός** (αρ.)	[musikós]
babysitter	**νταντά** (θηλ.)	[dadá]
hairdresser	**κομμωτής** (αρ.)	[komotís]
herder, shepherd	**βοσκός** (αρ.)	[voskós]
singer (masc.)	**τραγουδιστής** (αρ.)	[traɣuðistís]
translator	**μεταφραστής** (αρ.)	[metafrastís]
writer	**συγγραφέας** (αρ.)	[singraféas]
carpenter	**μαραγκός** (αρ.)	[marangós]
cook	**μάγειρας** (αρ.)	[májiras]
fireman	**πυροσβέστης** (αρ.)	[pirozvéstis]
police officer	**αστυνομικός** (αρ.)	[astinomikós]
mailman	**ταχυδρόμος** (αρ.)	[taxiðrómos]
programmer	**προγραμματιστής** (αρ.)	[proɣramatistís]
salesman (store staff)	**πωλητής** (αρ.)	[politís]
worker	**εργάτης** (αρ.)	[erɣátis]
gardener	**κηπουρός** (αρ.)	[kipurós]
plumber	**υδραυλικός** (αρ.)	[iðravlikós]
dentist	**οδοντίατρος** (αρ.)	[oðondíatros]
flight attendant (fem.)	**αεροσυνοδός** (θηλ.)	[aerosinoðós]
dancer (masc.)	**χορευτής** (αρ.)	[xoreftís]
bodyguard	**σωματοφύλακας** (αρ.)	[somatofílʲakas]
scientist	**επιστήμονας** (αρ.)	[epistímonas]
schoolteacher	**δάσκαλος** (αρ.)	[ðáskalʲos]
farmer	**αγρότης** (αρ.)	[aɣrótis]
surgeon	**χειρουργός** (αρ.)	[xiruryós]
miner	**ανθρακωρύχος** (αρ.)	[anθrakoríxos]

chef (kitchen chef)	**σεφ** (αρ./θηλ.)	[sef]
driver	**οδηγός** (αρ.)	[oðiɣós]

16. Sport

kind of sports	**είδος αθλήματος** (ουδ.)	[íðos aθlímatos]
soccer	**ποδόσφαιρο** (ουδ.)	[poðósfero]
hockey	**χόκεϊ** (ουδ.)	[xókej]
basketball	**μπάσκετ** (ουδ.)	[básket]
baseball	**μπέιζμπολ** (ουδ.)	[béjzbolʲ]
volleyball	**βόλεϊ** (ουδ.)	[vólej]
boxing	**πυγμαχία** (θηλ.)	[piɣmaxía]
wrestling	**πάλη** (θηλ.)	[páli]
tennis	**τένις** (ουδ.)	[ténis]
swimming	**κολύμβηση** (θηλ.)	[kolímvisi]
chess	**σκάκι** (ουδ.)	[skáki]
running	**δρόμος** (αρ.)	[ðrómos]
athletics	**στίβος** (αρ.)	[stívos]
figure skating	**καλλιτεχνικό πατινάζ** (ουδ.)	[kalitexnikó patináz]
cycling	**ποδηλασία** (θηλ.)	[poðilʲasía]
billiards	**μπιλιάρδο** (ουδ.)	[biliárðo]
bodybuilding	**μπόντι μπίλντινγκ** (ουδ.)	[bódi bílʲding]
golf	**γκολφ** (ουδ.)	[golʲf]
scuba diving	**κατάδυση** (θηλ.)	[katáðisi]
sailing	**ιστιοπλοΐα** (θηλ.)	[istioplʲoía]
archery	**τοξοβολία** (θηλ.)	[toksovolía]
period, half	**ημίχρονο** (ουδ.)	[imíxrono]
half-time	**διάλειμμα** (ουδ.)	[ðiálima]
tie	**ισοπαλία** (θηλ.)	[isopalía]
to tie (vi)	**έρχομαι ισοπαλία**	[érxome isopalía]
treadmill	**διάδρομος** (αρ.)	[ðiáðromos]
player	**παίκτης** (αρ.)	[péktis]
substitute	**αναπληρωματικός** (αρ.)	[anapliromatikós]
substitutes bench	**πάγκος αναπληρωματικών** (αρ.)	[pángos anapliromatikón]
match	**ματς** (ουδ.)	[mats]
goal	**τέρμα** (ουδ.)	[térma]
goalkeeper	**τερματοφύλακας** (αρ.)	[termatofílʲakas]
goal (score)	**γκολ** (ουδ.)	[golʲ]
Olympic Games	**Ολυμπιακοί Αγώνες** (αρ.πλ.)	[olimbiakí aɣónes]
to set a record	**κάνω ρεκόρ**	[káno rekór]

final	**τελικός** (αρ.)	[telikós]
champion	**πρωταθλητής** (αρ.)	[protaθlitís]
championship	**πρωτάθλημα** (ουδ.)	[protáθlima]
winner	**νικητής** (αρ.)	[nikitís]
victory	**νίκη** (θηλ.)	[níki]
to win (vi)	**νικάω, κερδίζω**	[nikáo], [kerðízo]
to lose (not win)	**χάνω**	[xáno]
medal	**μετάλλιο** (ουδ.)	[metálio]
first place	**πρώτη θέση** (θηλ.)	[próti θési]
second place	**δεύτερη θέση** (θηλ.)	[ðéfteri θési]
third place	**τρίτη θέση** (θηλ.)	[tríti θési]
stadium	**γήπεδο** (ουδ.)	[jípeðo]
fan, supporter	**φίλαθλος** (αρ.)	[fíl^jaθl^jos]
trainer, coach	**προπονητής** (αρ.)	[proponitís]
training	**προπόνηση** (θηλ.)	[propónisi]

17. Foreign languages. Orthography

language	**γλώσσα** (θηλ.)	[ɣl^jósa]
to study (vt)	**μελετάω**	[meletáo]
pronunciation	**προφορά** (θηλ.)	[proforá]
accent	**προφορά** (θηλ.)	[proforá]
noun	**ουσιαστικό** (ουδ.)	[usiastikó]
adjective	**επίθετο** (ουδ.)	[epíθeto]
verb	**ρήμα** (ουδ.)	[ríma]
adverb	**επίρρημα** (ουδ.)	[epírima]
pronoun	**αντωνυμία** (θηλ.)	[andonimía]
interjection	**επιφώνημα** (ουδ.)	[epifónima]
preposition	**πρόθεση** (θηλ.)	[próθesi]
root	**ρίζα** (θηλ.)	[ríza]
ending	**κατάληξη** (θηλ.)	[katáliksi]
prefix	**πρόθεμα** (ουδ.)	[próθema]
syllable	**συλλαβή** (θηλ.)	[sil^javí]
suffix	**επίθημα** (ουδ.)	[epíθima]
stress mark	**τόνος** (αρ.)	[tónos]
period, dot	**τελεία** (θηλ.)	[telía]
comma	**κόμμα** (ουδ.)	[kóma]
colon	**διπλή τελεία** (θηλ.)	[ðiplí telía]
ellipsis	**αποσιωπητικά** (ουδ.πλ.)	[aposiopitiká]
question	**ερώτημα** (ουδ.)	[erótima]
question mark	**ερωτηματικό** (ουδ.)	[erotimatikó]
exclamation point	**θαυμαστικό** (ουδ.)	[θavmastikó]

in quotation marks	**σε εισαγωγικά**	[se isaɣojiká]
in parenthesis	**σε παρένθεση**	[se parénθesi]
letter	**γράμμα** (ουδ.)	[ɣráma]
capital letter	**κεφαλαίο γράμμα** (ουδ.)	[kefaléo ɣráma]
sentence	**πρόταση** (θηλ.)	[prótasi]
group of words	**ομάδα λέξεων** (θηλ.)	[omáða lékseon]
expression	**έκφραση** (θηλ.)	[ékfrasi]
subject	**υποκείμενο** (ουδ.)	[ipokímeno]
predicate	**κατηγορούμενο** (ουδ.)	[katiɣorúmeno]
line	**γραμμή** (θηλ.)	[ɣramí]
paragraph	**παράγραφος** (θηλ.)	[paráɣrafos]
synonym	**συνώνυμο** (ουδ.)	[sinónimo]
antonym	**αντώνυμο** (ουδ.)	[andónimo]
exception	**εξαίρεση** (θηλ.)	[ekséresi]
to underline (vt)	**υπογραμμίζω**	[ipoɣramízo]
rules	**κανόνες** (αρ.πλ.)	[kanónes]
grammar	**γραμματική** (θηλ.)	[ɣramatikí]
vocabulary	**λεξιλόγιο** (ουδ.)	[leksilʲójo]
phonetics	**φωνητική** (θηλ.)	[fonitikí]
alphabet	**αλφάβητος** (θηλ.)	[alʲfávitos]
textbook	**σχολικό βιβλίο** (ουδ.)	[sxolikó vivlío]
dictionary	**λεξικό** (ουδ.)	[leksikó]
phrasebook	**βιβλίο φράσεων** (ουδ.)	[vivlío fráseon]
word	**λέξη** (θηλ.)	[léksi]
meaning	**σημασία** (θηλ.)	[simasía]
memory	**μνήμη** (θηλ.)	[mními]

18. The Earth. Geography

the Earth	**Γη** (θηλ.)	[ji]
the globe (the Earth)	**υδρόγειος** (θηλ.)	[iðrójios]
planet	**πλανήτης** (αρ.)	[plʲanítis]
geography	**γεωγραφία** (θηλ.)	[jeoɣrafía]
nature	**φύση** (θηλ.)	[físi]
map	**χάρτης** (αρ.)	[xártis]
atlas	**άτλας** (αρ.)	[átlʲas]
in the north	**στο βορρά**	[sto vorá]
in the south	**στο νότο**	[sto nóto]
in the west	**στη δύση**	[sti ðísi]
in the east	**στην ανατολή**	[stin anatolí]
sea	**θάλασσα** (θηλ.)	[θálʲasa]
ocean	**ωκεανός** (αρ.)	[okeanós]

gulf (bay)	**κόλπος** (αρ.)	[kólʲpos]
straits	**πορθμός** (αρ.)	[porθmós]
continent (mainland)	**ήπειρος** (θηλ.)	[íperos]
island	**νησί** (ουδ.)	[nisí]
peninsula	**χερσόνησος** (θηλ.)	[xersónisos]
archipelago	**αρχιπέλαγος** (ουδ.)	[arxipélʲaɣos]
harbor	**λιμάνι** (ουδ.)	[limáni]
coral reef	**κοραλλιογενής ύφαλος** (αρ.)	[koralio̯jenís ifalʲos]
shore	**παραλία** (θηλ.)	[paralía]
coast	**ακτή** (θηλ.)	[aktí]
flow (flood tide)	**πλημμυρίδα** (θηλ.)	[plimiríða]
ebb (ebb tide)	**παλίρροια** (θηλ.)	[palíria]
latitude	**γεωγραφικό πλάτος** (ουδ.)	[j̯eoɣrafikó plʲátos]
longitude	**μήκος** (ουδ.)	[míkos]
parallel	**παράλληλος** (αρ.)	[parálilʲos]
equator	**ισημερινός** (αρ.)	[isimerinós]
sky	**ουρανός** (αρ.)	[uranós]
horizon	**ορίζοντας** (αρ.)	[orízondas]
atmosphere	**ατμόσφαιρα** (θηλ.)	[atmósfera]
mountain	**βουνό** (ουδ.)	[vunó]
summit, top	**κορυφή** (θηλ.)	[korifí]
cliff	**γκρεμός** (αρ.)	[gremós]
hill	**λόφος** (αρ.)	[lʲófos]
volcano	**ηφαίστειο** (ουδ.)	[iféstio]
glacier	**παγετώνας** (αρ.)	[paj̯etónas]
waterfall	**καταρράκτης** (αρ.)	[kataráktis]
plain	**πεδιάδα** (θηλ.)	[peðiáða]
river	**ποταμός** (αρ.)	[potamós]
spring (natural source)	**πηγή** (θηλ.)	[pij̯í]
bank (of river)	**ακτή** (θηλ.)	[aktí]
downstream (adv)	**στη φορά του ρεύματος**	[sti forá tu révmatos]
upstream (adv)	**κόντρα στο ρεύμα**	[kóndra sto révma]
lake	**λίμνη** (θηλ.)	[límni]
dam	**φράγμα** (ουδ.)	[fráɣma]
canal	**κανάλι** (ουδ.)	[kanáli]
swamp (marshland)	**έλος** (ουδ.)	[élʲos]
ice	**πάγος** (αρ.)	[páɣos]

19. Countries of the world. Part 1

Europe	**Ευρώπη** (θηλ.)	[evrópi]
European Union	**Ευρωπαϊκή Ένωση** (θηλ.)	[evropaikí énosi]
European (n)	**Ευρωπαίος** (αρ.)	[evropéos]
European (adj)	**ευρωπαϊκός**	[evropaikós]
Austria	**Αυστρία** (θηλ.)	[afstría]
Great Britain	**Μεγάλη Βρετανία** (θηλ.)	[meɣáli vretanía]
England	**Αγγλία** (θηλ.)	[anglía]
Belgium	**Βέλγιο** (ουδ.)	[vélʲjo]
Germany	**Γερμανία** (θηλ.)	[jermanía]
Netherlands	**Κάτω Χώρες** (θηλ.πλ.)	[káto xóres]
Holland	**Ολλανδία** (θηλ.)	[olʲanðía]
Greece	**Ελλάδα** (θηλ.)	[elʲáða]
Denmark	**Δανία** (θηλ.)	[ðanía]
Ireland	**Ιρλανδία** (θηλ.)	[irlʲanðía]
Iceland	**Ισλανδία** (θηλ.)	[islʲanðía]
Spain	**Ισπανία** (θηλ.)	[ispanía]
Italy	**Ιταλία** (θηλ.)	[italía]
Cyprus	**Κύπρος** (θηλ.)	[kípros]
Malta	**Μάλτα** (θηλ.)	[málʲta]
Norway	**Νορβηγία** (θηλ.)	[norvijía]
Portugal	**Πορτογαλία** (θηλ.)	[portoɣalía]
Finland	**Φινλανδία** (θηλ.)	[finlʲanðía]
France	**Γαλλία** (θηλ.)	[ɣalía]
Sweden	**Σουηδία** (θηλ.)	[suiðía]
Switzerland	**Ελβετία** (θηλ.)	[elʲvetía]
Scotland	**Σκοτία** (θηλ.)	[skotía]
Vatican	**Βατικανό** (ουδ.)	[vatikanó]
Liechtenstein	**Λίχτενσταϊν** (ουδ.)	[líxtenstajn]
Luxembourg	**Λουξεμβούργο** (ουδ.)	[lʲuksemvúrɣo]
Monaco	**Μονακό** (ουδ.)	[monakó]
Albania	**Αλβανία** (θηλ.)	[alʲvanía]
Bulgaria	**Βουλγαρία** (θηλ.)	[vulʲɣaría]
Hungary	**Ουγγαρία** (θηλ.)	[ungaría]
Latvia	**Λετονία** (θηλ.)	[letonía]
Lithuania	**Λιθουανία** (θηλ.)	[liθuanía]
Poland	**Πολωνία** (θηλ.)	[polʲonía]
Romania	**Ρουμανία** (θηλ.)	[rumanía]
Serbia	**Σερβία** (θηλ.)	[servía]
Slovakia	**Σλοβακία** (θηλ.)	[slʲovakía]
Croatia	**Κροατία** (θηλ.)	[kroatía]
Czech Republic	**Τσεχία** (θηλ.)	[tsexía]

Estonia	**Εσθονία** (θηλ.)	[esθonía]
Bosnia and Herzegovina	**Βοσνία-Ερζεγοβίνη** (θηλ.)	[voznía erzeɣovini]
Macedonia (Republic of ~)	**Μακεδονία** (θηλ.)	[makeðonía]
Slovenia	**Σλοβενία** (θηλ.)	[slʲovenía]
Montenegro	**Μαυροβούνιο** (ουδ.)	[mavrovúnio]
Belarus	**Λευκορωσία** (θηλ.)	[lefkorosía]
Moldova, Moldavia	**Μολδαβία** (θηλ.)	[molʲðavía]
Russia	**Ρωσία** (θηλ.)	[rosía]
Ukraine	**Ουκρανία** (θηλ.)	[ukranía]

20. Countries of the world. Part 2

Asia	**Ασία** (θηλ.)	[asía]
Vietnam	**Βιετνάμ** (ουδ.)	[vietnám]
India	**Ινδία** (θηλ.)	[inðía]
Israel	**Ισραήλ** (ουδ.)	[izraílʲ]
China	**Κίνα** (θηλ.)	[kína]
Lebanon	**Λίβανος** (αρ.)	[lívanos]
Mongolia	**Μογγολία** (θηλ.)	[mongolía]
Malaysia	**Μαλαισία** (θηλ.)	[malesía]
Pakistan	**Πακιστάν** (ουδ.)	[pakistán]
Saudi Arabia	**Σαουδική Αραβία** (θηλ.)	[sauðikí aravia]
Thailand	**Ταϊλάνδη** (θηλ.)	[tajlʲánði]
Taiwan	**Ταϊβάν** (θηλ.)	[tajván]
Turkey	**Τουρκία** (θηλ.)	[turkía]
Japan	**Ιαπωνία** (θηλ.)	[japonía]
Afghanistan	**Αφγανιστάν** (ουδ.)	[afɣanistán]
Bangladesh	**Μπαγκλαντές** (ουδ.)	[banglʲadés]
Indonesia	**Ινδονησία** (θηλ.)	[inðonisía]
Jordan	**Ιορδανία** (θηλ.)	[iorðanía]
Iraq	**Ιράκ** (ουδ.)	[irák]
Iran	**Ιράν** (ουδ.)	[irán]
Cambodia	**Καμπότζη** (θηλ.)	[kabódzi]
Kuwait	**Κουβέιτ** (ουδ.)	[kuvéjt]
Laos	**Λάος** (ουδ.)	[lʲáos]
Myanmar	**Μιανμάρ** (ουδ.)	[mianmár]
Nepal	**Νεπάλ** (ουδ.)	[nepálʲ]
United Arab Emirates	**Ηνωμένα Αραβικά Εμιράτα** (θηλ.πλ.)	[inoména araviká emiráta]
Syria	**Συρία** (θηλ.)	[siría]
Palestine	**Παλαιστίνη** (θηλ.)	[palestíni]
South Korea	**Νότια Κορέα** (θηλ.)	[nótia koréa]
North Korea	**Βόρεια Κορέα** (θηλ.)	[vória koréa]
United States of America	**Ηνωμένες Πολιτείες Αμερικής** (θηλ.πλ.)	[inoménes polities amerikís]

Canada	**Καναδάς** (αρ.)	[kanaðás]
Mexico	**Μεξικό** (ουδ.)	[meksikó]
Argentina	**Αργεντινή** (θηλ.)	[ar̯jendiní]
Brazil	**Βραζιλία** (θηλ.)	[vrazilía]
Colombia	**Κολομβία** (θηλ.)	[kolʲomvía]
Cuba	**Κούβα** (θηλ.)	[kúva]
Chile	**Χιλή** (θηλ.)	[xilí]
Venezuela	**Βενεζουέλα** (θηλ.)	[venezuélʲa]
Ecuador	**Εκουαδόρ** (ουδ.)	[ekuaðór]
The Bahamas	**Μπαχάμες** (θηλ.πλ.)	[baxámes]
Panama	**Παναμάς** (αρ.)	[panamás]
Egypt	**Αίγυπτος** (θηλ.)	[éj̯iptos]
Morocco	**Μαρόκο** (ουδ.)	[maróko]
Tunisia	**Τυνησία** (θηλ.)	[tinisía]
Kenya	**Κένυα** (θηλ.)	[kénia]
Libya	**Λιβύη** (θηλ.)	[livíi]
South Africa	**Δημοκρατία της Νότιας Αφρικής** (θηλ.)	[ðimokratía tis nótias afrikís]
Australia	**Αυστραλία** (θηλ.)	[afstralía]
New Zealand	**Νέα Ζηλανδία** (θηλ.)	[néa zilʲanðía]

21. Weather. Natural disasters

weather	**καιρός** (αρ.)	[kerós]
weather forecast	**πρόγνωση καιρού** (θηλ.)	[próɣnosi kerú]
temperature	**θερμοκρασία** (θηλ.)	[θermokrasía]
thermometer	**θερμόμετρο** (ουδ.)	[θermómetro]
barometer	**βαρόμετρο** (ουδ.)	[varómetro]
sun	**ήλιος** (αρ.)	[ílios]
to shine (vi)	**λάμπω**	[lʲámbo]
sunny (day)	**ηλιόλουστος**	[iliólʲustos]
to come up (vi)	**ανατέλλω**	[anatélʲo]
to set (vi)	**δύω**	[ðío]
rain	**βροχή** (θηλ.)	[vroxí]
it's raining	**βρέχει**	[vréxi]
pouring rain	**δυνατή βροχή** (θηλ.)	[ðinatí vroxí]
rain cloud	**μαύρο σύννεφο** (ουδ.)	[mávro sínefo]
puddle	**λακκούβα** (θηλ.)	[lʲakúva]
to get wet (in rain)	**βρέχομαι**	[vréxome]
thunderstorm	**καταιγίδα** (θηλ.)	[katej̯íða]
lightning (~ strike)	**αστραπή** (θηλ.)	[astrapí]
to flash (vi)	**αστράπτω**	[astrápto]
thunder	**βροντή** (θηλ.)	[vrondí]
it's thundering	**βροντάει**	[vrondái]

| hail | χαλάζι (ουδ.) | [xalʲázi] |
| it's hailing | ρίχνει χαλάζι | [ríxni xalʲázi] |

heat (extreme ~)	ζέστη (θηλ.)	[zésti]
it's hot	κάνει ζέστη	[káni zésti]
it's warm	κάνει ζέστη	[káni zésti]
it's cold	κάνει κρύο	[káni krío]

fog (mist)	ομίχλη (θηλ.)	[omíxli]
foggy	ομιχλώδης	[omixlʲóðis]
cloud	σύννεφο (ουδ.)	[sínefo]
cloudy (adj)	συννεφιασμένος	[sinefiazménos]
humidity	υγρασία (θηλ.)	[iɣrasía]

snow	χιόνι (ουδ.)	[xóni]
it's snowing	χιονίζει	[xonízi]
frost (severe ~, freezing cold)	παγωνιά (θηλ.)	[paɣoniá]
below zero (adv)	υπό το μηδέν	[ipó to miðén]
hoarfrost	πάχνη (θηλ.)	[páxni]

bad weather	κακοκαιρία (θηλ.)	[kakokería]
disaster	καταστροφή (θηλ.)	[katastrofí]
flood, inundation	πλημμύρα (θηλ.)	[plimíra]
avalanche	χιονοστιβάδα (θηλ.)	[xonostiváða]
earthquake	σεισμός (αρ.)	[sizmós]

tremor, shoke	δόνηση (θηλ.)	[ðónisi]
epicenter	επίκεντρο (ουδ.)	[epíkendro]
eruption	έκρηξη (θηλ.)	[ékriksi]
lava	λάβα (θηλ.)	[lʲáva]

tornado	σίφουνας (αρ.)	[sífunas]
twister	ανεμοστρόβιλος (αρ.)	[anemostróvilʲos]
hurricane	τυφώνας (αρ.)	[tifónas]
tsunami	τσουνάμι (ουδ.)	[tsunámi]
cyclone	κυκλώνας (αρ.)	[kiklʲónas]

22. Animals. Part 1

| animal | ζώο (ουδ.) | [zóo] |
| predator | θηρευτής (ουδ.) | [θireftís] |

tiger	τίγρη (θηλ.), τίγρης (αρ.)	[tíɣri], [tíɣris]
lion	λιοντάρι (ουδ.)	[liondári]
wolf	λύκος (αρ.)	[líkos]
fox	αλεπού (θηλ.)	[alepú]
jaguar	ιαγουάρος (αρ.)	[jaɣuáros]
lynx	λύγκας (αρ.)	[língas]
coyote	κογιότ (ουδ.)	[kojiót]

jackal	**τσακάλι** (ουδ.)	[tsakáli]
hyena	**ύαινα** (θηλ.)	[íena]
squirrel	**σκίουρος** (αρ.)	[skíuros]
hedgehog	**σκαντζόχοιρος** (αρ.)	[skandzóxiros]
rabbit	**κουνέλι** (ουδ.)	[kunéli]
raccoon	**ρακούν** (ουδ.)	[rakún]
hamster	**χάμστερ** (ουδ.)	[xámster]
mole	**τυφλοπόντικας** (αρ.)	[tiflʲopóndikas]
mouse	**ποντίκι** (ουδ.)	[pondíki]
rat	**αρουραίος** (αρ.)	[aruréos]
bat	**νυχτερίδα** (θηλ.)	[nixteríða]
beaver	**κάστορας** (αρ.)	[kástoras]
horse	**άλογο** (ουδ.)	[álʲoɣo]
deer	**ελάφι** (ουδ.)	[elʲáfi]
camel	**καμήλα** (θηλ.)	[kamílʲa]
zebra	**ζέβρα** (θηλ.)	[zévra]
whale	**φάλαινα** (θηλ.)	[fálena]
seal	**φώκια** (θηλ.)	[fókia]
walrus	**θαλάσσιος ίππος** (αρ.)	[θalʲásios ípos]
dolphin	**δελφίνι** (ουδ.)	[ðelʲfíni]
bear	**αρκούδα** (θηλ.)	[arkúða]
monkey	**μαϊμού** (θηλ.)	[majmú]
elephant	**ελέφαντας** (αρ.)	[eléfandas]
rhinoceros	**ρινόκερος** (αρ.)	[rinókeros]
giraffe	**καμηλοπάρδαλη** (θηλ.)	[kamilʲopárðali]
hippopotamus	**ιπποπόταμος** (αρ.)	[ipopótamos]
kangaroo	**καγκουρό** (ουδ.)	[kanguró]
cat	**γάτα** (θηλ.)	[ɣáta]
dog	**σκύλος** (αρ.)	[skílʲos]
cow	**αγελάδα** (θηλ.)	[aʝelʲáða]
bull	**ταύρος** (αρ.)	[távros]
sheep (ewe)	**πρόβατο** (ουδ.)	[próvato]
goat	**κατσίκα, γίδα** (θηλ.)	[katsíka], [ʝíða]
donkey	**γάιδαρος** (αρ.)	[ɣáiðaros]
pig, hog	**γουρούνι** (ουδ.)	[ɣurúni]
hen (chicken)	**κότα** (θηλ.)	[kóta]
rooster	**πετεινός, κόκορας** (αρ.)	[petinós], [kókoras]
duck	**πάπια** (θηλ.)	[pápia]
goose	**χήνα** (θηλ.)	[xína]
turkey (hen)	**γαλοπούλα** (θηλ.)	[ɣalʲopúlʲa]
sheepdog	**ποιμενικός** (αρ.)	[pimenikós]

23. Animals. Part 2

bird	**πουλί** (ουδ.)	[pulí]
pigeon	**περιστέρι** (ουδ.)	[peristéri]
sparrow	**σπουργίτι** (ουδ.)	[spurʝíti]
tit (great tit)	**καλόγερος** (αρ.)	[kalʲóʝeros]
magpie	**καρακάξα** (θηλ.)	[karakáksa]
eagle	**αετός** (αρ.)	[aetós]
hawk	**γεράκι** (ουδ.)	[ʝeráki]
falcon	**γεράκι** (ουδ.)	[ʝeráki]
swan	**κύκνος** (αρ.)	[kíknos]
crane	**γερανός** (αρ.)	[ʝeranós]
stork	**πελαργός** (αρ.)	[pelʲarɣós]
parrot	**παπαγάλος** (αρ.)	[papaɣálʲos]
peacock	**παγόνι** (ουδ.)	[paɣóni]
ostrich	**στρουθοκάμηλος** (αρ.)	[struθokámilʲos]
heron	**τσικνιάς** (αρ.)	[tsikniás]
nightingale	**αηδόνι** (ουδ.)	[aiðóni]
swallow	**χελιδόνι** (ουδ.)	[xeliðóni]
woodpecker	**δρυοκολάπτης** (αρ.)	[ðriokolʲáptis]
cuckoo	**κούκος** (αρ.)	[kúkos]
owl	**κουκουβάγια** (θηλ.)	[kukuváʝa]
penguin	**πιγκουίνος** (αρ.)	[pinguínos]
tuna	**τόνος** (αρ.)	[tónos]
trout	**πέστροφα** (θηλ.)	[péstrofa]
eel	**χέλι** (ουδ.)	[xéli]
shark	**καρχαρίας** (αρ.)	[karxarías]
crab	**καβούρι** (ουδ.)	[kavúri]
jellyfish	**μέδουσα** (θηλ.)	[méðusa]
octopus	**χταπόδι** (ουδ.)	[xtapóði]
starfish	**αστερίας** (αρ.)	[asterías]
sea urchin	**αχινός** (αρ.)	[axinós]
seahorse	**ιππόκαμπος** (αρ.)	[ipókambos]
shrimp	**γαρίδα** (θηλ.)	[ɣaríða]
snake	**φίδι** (ουδ.)	[fíði]
viper	**οχιά** (θηλ.)	[oxiá]
lizard	**σαύρα** (θηλ.)	[sávra]
iguana	**ιγκουάνα** (θηλ.)	[iguána]
chameleon	**χαμαιλέοντας** (αρ.)	[xameléondas]
scorpion	**σκορπιός** (αρ.)	[skorpiós]
turtle	**χελώνα** (θηλ.)	[xelʲóna]
frog	**βάτραχος** (αρ.)	[vátraxos]
crocodile	**κροκόδειλος** (αρ.)	[krokóðilʲos]

insect, bug	**έντομο** (ουδ.)	[éndomo]
butterfly	**πεταλούδα** (θηλ.)	[petalʲúða]
ant	**μυρμήγκι** (ουδ.)	[mirmíngi]
fly	**μύγα** (θηλ.)	[míɣa]
mosquito	**κουνούπι** (ουδ.)	[kunúpi]
beetle	**σκαθάρι** (ουδ.)	[skaθári]
bee	**μέλισσα** (θηλ.)	[mélisa]
spider	**αράχνη** (θηλ.)	[aráxni]

24. Trees. Plants

tree	**δέντρο** (ουδ.)	[ðéndro]
birch	**σημύδα** (θηλ.)	[simíða]
oak	**βελανιδιά** (θηλ.)	[velʲaniðiá]
linden tree	**φλαμουριά** (θηλ.)	[flʲamuriá]
aspen	**λεύκα** (θηλ.)	[léfka]
maple	**σφεντάμι** (ουδ.)	[sfendámi]
spruce	**έλατο** (ουδ.)	[élʲato]
pine	**πεύκο** (ουδ.)	[péfko]
cedar	**κέδρος** (αρ.)	[kéðros]
poplar	**λεύκα** (θηλ.)	[léfka]
rowan	**σουρβιά** (θηλ.)	[surviá]
beech	**οξιά** (θηλ.)	[oksiá]
elm	**φτελιά** (θηλ.)	[fteliá]
ash (tree)	**μέλεγος** (αρ.)	[méleɣos]
chestnut	**καστανιά** (θηλ.)	[kastaniá]
palm tree	**φοίνικας** (αρ.)	[fínikas]
bush	**θάμνος** (αρ.)	[θámnos]
mushroom	**μανιτάρι** (ουδ.)	[manitári]
poisonous mushroom	**δηλητηριώδες μανιτάρι** (ουδ.)	[ðilitirióðes manitári]
cep (Boletus edulis)	**βασιλομανίταρο** (ουδ.)	[vasilʲomanítaro]
russula	**ρούσουλα** (θηλ.)	[rúsulʲa]
fly agaric	**ζουρλομανίταρο** (ουδ.)	[zurlʲomanítaro]
death cap	**θανατίτης** (αρ.)	[θanatítis]
flower	**λουλούδι** (ουδ.)	[lʲulʲúði]
bouquet (of flowers)	**ανθοδέσμη** (θηλ.)	[anθoðézmi]
rose (flower)	**τριαντάφυλλο** (ουδ.)	[triandáfilʲo]
tulip	**τουλίπα** (θηλ.)	[tulípa]
carnation	**γαρίφαλο** (ουδ.)	[ɣarífalʲo]
camomile	**χαμομήλι** (ουδ.)	[xamomíli]
cactus	**κάκτος** (αρ.)	[káktos]
lily of the valley	**μιγκέ** (ουδ.)	[mingé]

snowdrop	**γάλανθος** **ο χιονώδης** (αρ.)	[ɣálʲanθos oxonóðis]
water lily	**νούφαρο** (ουδ.)	[núfaro]
conservatory (greenhouse)	**θερμοκήπιο** (ουδ.)	[θermokípio]
lawn	**γκαζόν** (ουδ.)	[gazón]
flowerbed	**παρτέρι** (ουδ.)	[partéri]
plant	**φυτό** (ουδ.)	[fitó]
grass	**χορτάρι** (ουδ.)	[xortári]
leaf	**φύλλο** (ουδ.)	[fílʲo]
petal	**πέταλο** (ουδ.)	[pétalʲo]
stem	**βλαστός** (αρ.)	[vlʲastós]
young plant (shoot)	**βλαστάρι** (ουδ.)	[vlʲastári]
cereal crops	**δημητριακών** (ουδ.πλ.)	[ðimitriakón]
wheat	**σιτάρι** (ουδ.)	[sitári]
rye	**σίκαλη** (θηλ.)	[síkali]
oats	**βρώμη** (θηλ.)	[vrómi]
millet	**κεχρί** (ουδ.)	[kexrí]
barley	**κριθάρι** (ουδ.)	[kriθári]
corn	**καλαμπόκι** (ουδ.)	[kalʲambóki]
rice	**ρύζι** (ουδ.)	[rízi]

25. Various useful words

balance (of situation)	**ισορροπία** (θηλ.)	[isoropía]
base (basis)	**βάση** (θηλ.)	[vási]
beginning	**αρχή** (θηλ.)	[arxí]
category	**κατηγορία** (θηλ.)	[katiɣoría]
choice	**επιλογές** (θηλ.)	[epilʲojés]
coincidence	**σύμπτωση** (θηλ.)	[símptosi]
comparison	**σύγκριση** (θηλ.)	[síngrisi]
degree (extent, amount)	**βαθμός** (αρ.)	[vaθmós]
development	**εξέλιξη** (θηλ.)	[ekséliksi]
difference	**διαφορά** (θηλ.)	[ðiaforá]
effect (e.g., of drugs)	**αποτέλεσμα** (ουδ.)	[apotélezma]
effort (exertion)	**προσπάθεια** (θηλ.)	[prospáθia]
element	**στοιχείο** (ουδ.)	[stixío]
example (illustration)	**παράδειγμα** (ουδ.)	[paráðiɣma]
fact	**γεγονός** (ουδ.)	[jeɣonós]
help	**βοήθεια** (θηλ.)	[voíθia]
ideal	**ιδανικό** (ουδ.)	[iðanikó]
kind (sort, type)	**είδος** (ουδ.)	[íðos]
mistake, error	**λάθος** (ουδ.)	[lʲáθos]

moment	**στιγμή** (θηλ.)	[stiɣmí]
obstacle	**εμπόδιο** (ουδ.)	[embóðio]
part (~ of sth)	**κομμάτι** (ουδ.)	[komáti]
pause (break)	**διάλειμμα** (ουδ.)	[ðiálima]
position	**θέση** (θηλ.)	[θési]
problem	**πρόβλημα** (ουδ.)	[próvlima]
process	**διαδικασία** (θηλ.)	[ðiaðikasía]
progress	**πρόοδος** (θηλ.)	[próoðos]
property (quality)	**ιδιότητα** (θηλ.)	[iðiótita]
reaction	**αντίδραση** (θηλ.)	[andíðrasi]
risk	**ρίσκο** (ουδ.)	[rísko]
secret	**μυστικό** (ουδ.)	[mistikó]
series	**σειρά** (θηλ.)	[sirá]
shape (outer form)	**μορφή** (θηλ.)	[morfí]
situation	**κατάσταση** (θηλ.)	[katástasi]
solution	**λύση** (θηλ.)	[lísi]
standard (adj)	**τυποποιημένος**	[tipopiiménos]
stop (pause)	**στάση** (θηλ.)	[stási]
style	**ύφος** (ουδ.)	[ífos]
system	**σύστημα** (ουδ.)	[sístima]
table (chart)	**πίνακας** (αρ.)	[pínakas]
tempo, rate	**τέμπο** (ουδ.)	[témpo]
term (word, expression)	**όρος** (αρ.)	[óros]
truth (e.g., moment of ~)	**αλήθεια** (θηλ.)	[alíθia]
turn (please wait your ~)	**σειρά** (θηλ.)	[sirá]
urgent (adj)	**επείγων**	[ipíɣon]
utility (usefulness)	**χρησιμότητα** (θηλ.)	[xrisimótita]
variant (alternative)	**εκδοχή** (θηλ.)	[ekðoxí]
way (means, method)	**τρόπος** (αρ.)	[trópos]
zone	**ζώνη** (θηλ.)	[zóni]

26. Modifiers. Adjectives. Part 1

additional (adj)	**πρόσθετος**	[prósθetos]
ancient (~ civilization)	**αρχαίος**	[arxéos]
artificial (adj)	**τεχνητός**	[texnitós]
bad (adj)	**κακός**	[kakós]
beautiful (person)	**όμορφος**	[ómorfos]
big (in size)	**μεγάλος**	[meɣálʲos]
bitter (taste)	**πικρός**	[pikrós]
blind (sightless)	**τυφλός**	[tiflʲós]
central (adj)	**κεντρικός**	[kendrikós]

children's (adj)	**παιδικός**	[peðikós]
clandestine (secret)	**κρυφός**	[krifós]
clean (free from dirt)	**καθαρός**	[kaθarós]
clever (smart)	**έξυπνος**	[éksipnos]
compatible (adj)	**συμβατός**	[simvatós]
contented (satisfied)	**ευχαριστημένος**	[efxaristiménos]
dangerous (adj)	**επικίνδυνος**	[epikínðinos]
dead (not alive)	**νεκρός**	[nekrós]
dense (fog, smoke)	**πυκνός**	[piknós]
difficult (decision)	**δύσκολος**	[ðískolʲos]
dirty (not clean)	**λερωμένος**	[leroménos]
easy (not difficult)	**εύκολος**	[éfkolʲos]
empty (glass, room)	**άδειος**	[áðios]
exact (amount)	**ακριβής**	[akrivís]
excellent (adj)	**άριστος**	[áristos]
excessive (adj)	**υπερβολικός**	[ipervolikós]
exterior (adj)	**εξωτερικός**	[eksoterikós]
fast (quick)	**γρήγορος**	[ɣríɣoros]
fertile (land, soil)	**καρπερός**	[karperós]
fragile (china, glass)	**εύθραυστος**	[éfθrafstos]
free (at no cost)	**δωρεάν**	[ðoreán]
fresh (~ water)	**γλυκό**	[ɣlikó]
frozen (food)	**κατεψυγμένος**	[katepsiɣménos]
full (completely filled)	**γεμάτος**	[ʝemátos]
happy (adj)	**ευτυχισμένος**	[eftixizménos]
hard (not soft)	**σκληρός**	[sklirós]
huge (adj)	**τεράστιος**	[terástios]
ill (sick, unwell)	**άρρωστος**	[árostos]
immobile (adj)	**ακίνητος**	[akínitos]
important (adj)	**σημαντικός**	[simandikós]
interior (adj)	**εσωτερικός**	[esoterikós]
last (e.g., ~ week)	**προηγούμενος**	[proiɣúmenos]
last (final)	**τελευταίος**	[teleftéos]
left (e.g., ~ side)	**αριστερός**	[aristerós]
legal (legitimate)	**νόμιμος**	[nómimos]
light (in weight)	**ελαφρύς**	[elʲafrís]
liquid (fluid)	**υγρός**	[iɣrós]
long (e.g., ~ hair)	**μακρύς**	[makrís]
loud (voice, etc.)	**δυνατός**	[ðinatós]
low (voice)	**σιγανός**	[siɣanós]

27. Modifiers. Adjectives. Part 2

main (principal)	**κύριος**	[kírios]
matt, matte	**ματ**	[mat]

mysterious (adj)	**αινιγματικός**	[eniɣmatikós]
narrow (street, etc.)	**στενός**	[stenós]
native (~ country)	**καταγωγής**	[kataɣoʝís]
negative (~ response)	**αρνητικός**	[arnitikós]
new (adj)	**καινούριος**	[kenúrios]
next (e.g., ~ week)	**επόμενος**	[epómenos]
normal (adj)	**κανονικός**	[kanonikós]
not difficult (adj)	**εύκολος**	[éfkolʲos]
obligatory (adj)	**υποχρεωτικός**	[ipoxreotikós]
old (house)	**παλιός**	[paliós]
open (adj)	**ανοιχτός**	[anixtós]
opposite (adj)	**αντίθετος**	[andíθetos]
ordinary (usual)	**κανονικός**	[kanonikós]
original (unusual)	**πρωτότυπος**	[protótipos]
personal (adj)	**προσωπικός**	[prosopikós]
polite (adj)	**ευγενικός**	[evʝenikós]
poor (not rich)	**φτωχός**	[ftoxós]
possible (adj)	**πιθανός**	[piθanós]
principal (main)	**βασικός**	[vasikós]
probable (adj)	**πιθανός**	[piθanós]
prolonged (e.g., ~ applause)	**μακρόχρονος**	[makróxronos]
public (open to all)	**δημόσιος**	[ðimósios]
rare (adj)	**σπάνιος**	[spánios]
raw (uncooked)	**ωμός**	[omós]
right (not left)	**δεξιός**	[ðeksiós]
ripe (fruit)	**ώριμος**	[órimos]
risky (adj)	**επικίνδυνος**	[epikínðinos]
sad (~ look)	**θλιμμένος**	[sliménos]
second hand (adj)	**μεταχειρισμένος**	[metaxirizménos]
shallow (water)	**ρηχός**	[rixós]
sharp (blade, etc.)	**κοφτερός**	[kofterós]
short (in length)	**κοντός**	[kondós]
similar (adj)	**παρόμοιος**	[parómios]
small (in size)	**μικρός**	[mikrós]
smooth (surface)	**λείος**	[líos]
soft (~ toys)	**μαλακός**	[malʲakós]
solid (~ wall)	**ανθεκτικός**	[anθektikós]
sour (flavor, taste)	**ξινός**	[ksinós]
spacious (house, etc.)	**ευρύχωρος**	[evríxoros]
special (adj)	**ειδικός**	[iðikós]
straight (line, road)	**ευθύς**	[efθís]
strong (person)	**δυνατός**	[ðinatós]

stupid (foolish)	**χαζός**	[xazós]
superb, perfect (adj)	**υπέροχος**	[ipéroxos]
sweet (sugary)	**γλυκός**	[ɣlikós]
tan (adj)	**μαυρισμένος**	[mavrizménos]
tasty (delicious)	**νόστιμος**	[nóstimos]
unclear (adj)	**ασαφής**	[asafís]

28. Verbs. Part 1

to accuse (vt)	**κατηγορώ**	[katiɣoró]
to agree (say yes)	**συμφωνώ**	[simfonó]
to announce (vt)	**ανακοινώνω**	[anakinóno]
to answer (vi, vt)	**απαντώ**	[apandó]
to apologize (vi)	**ζητώ συγνώμη**	[zitó siɣnómi]
to arrive (vi)	**έρχομαι**	[érxome]
to ask (~ oneself)	**ρωτάω**	[rotáo]
to be absent	**απουσιάζω**	[apusiázo]
to be afraid	**φοβάμαι**	[fováme]
to be born	**γεννιέμαι**	[ʝeniéme]
to be in a hurry	**βιάζομαι**	[viázome]
to beat (to hit)	**χτυπάω**	[xtipáo]
to begin (vt)	**αρχίζω**	[arxízo]
to believe (in God)	**πιστεύω**	[pistévo]
to belong to ...	**ανήκω σε ...**	[aníko se]
to break (split into pieces)	**σπάω**	[spáo]
to build (vt)	**κτίζω**	[ktízo]
to buy (purchase)	**αγοράζω**	[aɣorázo]
can (v aux)	**μπορώ**	[boró]
can (v aux)	**μπορώ**	[boró]
to cancel (call off)	**ακυρώνω**	[akiróno]
to catch (vt)	**πιάνω**	[piáno]
to change (vt)	**αλλάζω**	[alʲázo]
to check (to examine)	**ελέγχω**	[elénxo]
to choose (select)	**επιλέγω**	[epiléɣo]
to clean up (tidy)	**τακτοποιώ**	[taktopió]
to close (vt)	**κλείνω**	[klíno]
to compare (vt)	**συγκρίνω**	[singríno]
to complain (vi, vt)	**παραπονιέμαι**	[paraponiéme]
to confirm (vt)	**επιβεβαιώνω**	[epiveveóno]
to congratulate (vt)	**συγχαίρω**	[sinxéro]
to cook (dinner)	**μαγειρεύω**	[maʝirévo]
to copy (vt)	**αντιγράφω**	[andiɣráfo]
to cost (vt)	**κοστίζω**	[kostízo]

to count (add up)	**υπολογίζω**	[ipolʲojízo]
to count on ...	**υπολογίζω σε ...**	[ipolʲojízo se]
to create (vt)	**δημιουργώ**	[ðimiurɣó]
to cry (weep)	**κλαίω**	[kléo]
to dance (vi, vt)	**χορεύω**	[xorévo]
to deceive (vi, vt)	**εξαπατώ**	[eksapató]
to decide (~ to do sth)	**αποφασίζω**	[apofasízo]
to delete (vt)	**διαγράφω**	[ðiaɣráfo]
to demand (request firmly)	**απαιτώ**	[apetó]
to deny (vt)	**αρνούμαι**	[arnúme]
to depend on ...	**εξαρτώμαι**	[eksartóme]
to despise (vt)	**περιφρονώ**	[perifronó]
to die (vi)	**πεθαίνω**	[peθéno]
to dig (vt)	**σκάβω**	[skávo]
to disappear (vi)	**εξαφανίζομαι**	[eksafanízome]
to discuss (vt)	**συζητώ**	[sizitó]
to disturb (vt)	**ενοχλώ**	[enoxlʲó]

29. Verbs. Part 2

to dive (vi)	**βουτάω**	[vutáo]
to divorce (vi)	**χωρίζω**	[xorízo]
to do (vt)	**κάνω**	[káno]
to doubt (have doubts)	**αμφιβάλλω**	[amfiválʲo]
to drink (vi, vt)	**πίνω**	[píno]
to drop (let fall)	**ρίχνω**	[ríxno]
to dry (clothes, hair)	**στεγνώνω**	[steɣnóno]
to eat (vi, vt)	**τρώω**	[tróo]
to end (~ a relationship)	**τελειώνω**	[telióno]
to excuse (forgive)	**συγχωρώ**	[sinxoró]
to exist (vi)	**υπάρχω**	[ipárxo]
to expect (foresee)	**προβλέπω**	[provlépo]
to explain (vt)	**εξηγώ**	[eksiɣó]
to fall (vi)	**πέφτω**	[péfto]
to fight (street fight, etc.)	**παλεύω**	[palévo]
to find (vt)	**βρίσκω**	[vrísko]
to finish (vt)	**τελειώνω**	[telióno]
to fly (vi)	**πετάω**	[petáo]
to forbid (vt)	**απαγορεύω**	[apaɣorévo]
to forget (vi, vt)	**ξεχνάω**	[ksexnáo]
to forgive (vt)	**συγχωρώ**	[sinxoró]
to get tired	**κουράζομαι**	[kurázome]
to give (vt)	**δίνω**	[ðíno]

to go (on foot)	**πηγαίνω**	[piʝéno]
to hate (vt)	**μισώ**	[misó]

to have (vt)	**έχω**	[éxo]
to have breakfast	**παίρνω πρωινό**	[pérno proinó]
to have dinner	**τρώω βραδινό**	[tróo vraðinó]
to have lunch	**τρώω μεσημεριανό**	[tróo mesimerianó]

to hear (vt)	**ακούω**	[akúo]
to help (vt)	**βοηθώ**	[voiθó]
to hide (vt)	**κρύβω**	[krívo]
to hope (vi, vt)	**ελπίζω**	[elʲpízo]
to hunt (vi, vt)	**κυνηγώ**	[kiniɣó]
to hurry (vi)	**βιάζομαι**	[viázome]

to insist (vi, vt)	**επιμένω**	[epiméno]
to insult (vt)	**προσβάλλω**	[prozválʲo]
to invite (vt)	**προσκαλώ**	[proskalʲó]
to joke (vi)	**αστειεύομαι**	[astiévome]
to keep (vt)	**διατηρώ**	[ðiatiró]

to kill (vt)	**σκοτώνω**	[skotóno]
to know (sb)	**γνωρίζω**	[ɣnorízo]
to know (sth)	**ξέρω**	[kséro]
to like (I like ...)	**μου αρέσει**	[mu arési]
to look at ...	**κοιτάω**	[kitáo]

to lose (umbrella, etc.)	**χάνω**	[xáno]
to love (sb)	**αγαπάω**	[aɣapáo]
to make a mistake	**κάνω λάθος**	[káno lʲáθos]
to meet (vi, vt)	**συναντιέμαι**	[sinandiéme]
to miss (school, etc.)	**απουσιάζω**	[apusiázo]

30. Verbs. Part 3

to obey (vi, vt)	**υπακούω**	[ipakúo]
to open (vt)	**ανοίγω**	[aníɣo]
to participate (vi)	**συμμετέχω**	[simetéxo]
to pay (vi, vt)	**πληρώνω**	[pliróno]
to permit (vt)	**επιτρέπω**	[epitrépo]

to play (children)	**παίζω**	[pézo]
to pray (vi, vt)	**προσεύχομαι**	[proséfxome]
to promise (vt)	**υπόσχομαι**	[ipósxome]
to propose (vt)	**προτείνω**	[protíno]
to prove (vt)	**αποδεικνύω**	[apoðiknío]
to read (vi, vt)	**διαβάζω**	[ðiavázo]

to receive (vt)	**λαμβάνω**	[lʲamváno]
to rent (sth from sb)	**νοικιάζω**	[nikiázo]

to repeat (say again)	**επαναλαμβάνω**	[epanalʲamváno]
to reserve, to book	**κλείνω**	[klíno]
to run (vi)	**τρέχω**	[tréxo]
to save (rescue)	**σώζω**	[sózo]
to say (~ thank you)	**λέω**	[léo]
to see (vt)	**βλέπω**	[vlépo]
to sell (vt)	**πουλώ**	[pulʲó]
to send (vt)	**στέλνω**	[stélʲno]
to shoot (vi)	**πυροβολώ**	[pirovolʲó]
to shout (vi)	**φωνάζω**	[fonázo]
to show (vt)	**δείχνω**	[ðíxno]
to sign (document)	**υπογράφω**	[ipoɣráfo]
to sing (vi)	**τραγουδώ**	[traɣuðó]
to sit down (vi)	**κάθομαι**	[káθome]
to smile (vi)	**χαμογελάω**	[xamojelʲáo]
to speak (vi, vt)	**μιλάω**	[milʲáo]
to steal (money, etc.)	**κλέβω**	[klévo]
to stop (please ~ calling me)	**σταματώ**	[stamató]
to study (vt)	**μελετάω**	[meletáo]
to swim (vi)	**κολυμπώ**	[kolibó]
to take (vt)	**παίρνω**	[pérno]
to talk to ...	**μιλάω με ...**	[milʲáo me]
to tell (story, joke)	**διηγούμαι**	[ðiiɣúme]
to thank (vt)	**ευχαριστώ**	[efxaristó]
to think (vi, vt)	**σκέφτομαι**	[skéftome]
to translate (vt)	**μεταφράζω**	[metafrázo]
to trust (vt)	**εμπιστεύομαι**	[embistévome]
to try (attempt)	**προσπαθώ**	[prospaθó]
to turn (e.g., ~ left)	**στρίβω**	[strívo]
to turn off	**κλείνω**	[klíno]
to turn on	**ανοίγω, ανάβω**	[aníɣo], [anávo]
to understand (vt)	**καταλαβαίνω**	[katalʲavéno]
to wait (vt)	**περιμένω**	[periméno]
to want (wish, desire)	**θέλω**	[θélʲo]
to work (vi)	**δουλεύω**	[ðulévo]
to write (vt)	**γράφω**	[ɣráfo]

Made in United States
Cleveland, OH
09 December 2024

11604528R00063